FERNAND CAUËT

LE CAMP DU DRAP D'OR

Le Roman de Bourget et de la Picardie

ALBERT MESSEIN, ÉDITEUR
PARIS - 19, QUAI SAINT-MICHEL
1928

LE CAMP DU DRAP D'OR

DU MÊME AUTEUR

A la même librairie

Poésies

Les Stations sur la Montagne.

Prose

Les Veilleuses.

FERNAND CAUËT

LE CAMP DU DRAP D'OR

Le Roman de Bourget et de la Picardie

PARIS
ALBERT MESSEIN, ÉDITEUR
19, QUAI SAINT-MICHEL, 19

1928

IL A ÉTÉ TIRÉ DE CE LIVRE :

Vingt exemplaires sur vergé d'Arches, numérotés de 1 à 20

PRÉFACE

Voici un livre sur Bourget et sur la Picardie.

Pour que l'aventure confiée à cette information romanesque devînt un motif de médaille, il lui a manqué de se fixer dans la lumière. Pour qu'elle le devînt de poème, il lui suffisait d'unc cadence, et d'une décadence plus accusée pour se prêter toute à l'analyse et s'appeler « Essai ». Les genres sont ici confondus ; il en est plusieurs raisons.

D'abord le personnage choisi est à la fois un primitif et un compliqué de la connaissance ; il use d'une recherche ingénue ; il dessine très strictement les questions, mais lui-même est situé confusément ; si son œuvre s'éclaire, les rayons ont les bleus confondus du vitrail et de l'éprouvette.

Enfin l'extrême confusion moderne ne s'accommode plus d'un genre ; il faut être en bien des points. Serrées dans l'autocar, les idées en excursion ont visité les hommes. Elles y ont perdu. Toutefois elles estiment davantage la rencontre et l'accent, et craignent moins l'aventure.

J'ai montré le « Camp du drap d'or » à celui de moi qui se tient au versant. Il s'est exclamé : « L'Auteur est professeur ! » Qu'y puis-je ? Et je n'y veux rien pouvoir. « Cela se sent, continua-t-il ; d'abord à une certaine manie, tout à fait inactuelle, de donner quelquefois aux mots leur sens. Mais surtout certains chapitres sont envahis par le métier ». M'en excuserai-je ? Si un roman peut comporter des pages de considérations boursières, hippiques ou tapissières, refusera-t-il quelques pages de pédagogie ? Après tout, Bossuet fut évêque ; il arrive qu'on s'en aperçoive, comme aussi que Spinoza fut lunetier ou tels romanciers, des éplucheurs. Certes ! Quel horizon reste-t-il d'un marin qui ne sent pas le sel ? Qu'attendre des délicats qui font scrupule de puiser au langage qu'ils ignorent le moins ? Pour moi, j'aimerais même d'avoir touché aux bassesses, et par exemple d'avoir été bourreau, député ou coupeur de cochons, pour oser prendre à mon métier des métaphores ou des souvenirs. Le véritable pédantisme est d'affecter d'en être exempt.

Je présente une grande excuse à mon héros. Je prie qu'il ne témoigne ni d'un regret ni d'une fâcherie. Le moindre, la moindre atteindraient directement de nombreuses heures dans les souvenirs de ma pensée. Qu'il agrée plutôt cette manière d'Essai et reconnaisse un respect dans le détour de ma fréquentation. Pensera-t-il pas que c'est l'estimer, si je l'imagine qui s'abîme comme seule une âme impériale ?

Le pays enfin ! Je me relis, et j'en suis à me demander si j'ai voulu dire que cette Picardie m'est à charge ou l'assurer de moi, la chanter ou la brimer. Dans cette vallée, le même murmure des choses m'a le premier ému et le premier irrité. L'élan définitif de ma jeunesse est traversé de jugements. Dans mon fils, je me retrouve et je me subis. Il aime ce pays comme je l'aimais, et cette familiarité exclusive d'un cœur et d'un pays, en même temps je reconnais qu'elle est en moi et qu'elle s'accorde avec ma colère. Il m'offense qu'il ait cette étroitesse mienne. O mon fils, dans peu d'années, tu viendras au coin de cette plaine et que j'ai aimée et que j'ai décriée ; tu écouteras ces noms très familiers, mais qui auront fini de prendre le son de ton adolescence ; tu t'arrêteras à ce coude de la rivière minutieuse, qui a commencé de m'irriter quand elle a commencé de te plaire ; et, songeant à moi, selon la nouvelle figure du respect : « Quel étrange animal ! diras-tu. Il ne cédait ni n'imposait. Il était ballotté, en haut de ses souvenirs, comme une botte, en haut d'un char, qui va tomber ; ou bien c'était au haut de ses désirs négligemment noués ».

ANTÉCÉDENTS

Le 19 mars 1924, par le premier rapide de l'après-midi, Paul Bourget venait à l'improviste à Amiens, la ville de sa naissance. C'est une aventure que l'on peut monter en crise, hors de toute pacotille de sentiment.

J'imagine une belle histoire : nous sommes dans les temps de la mi-fable ; un poète très grand ignore le lieu de sa naissance ; il ne s'en souciait pas ; il s'en soucie parce qu'il vieillit. Plusieurs berceaux lui sont attribués déjà ; chacun le recherche ; des villes en nombre impair prétendent le reconnaître ; toutes les formes de l'adoption se proposent ; toutes les formes de l'ambassade s'organisent. Sa vieillesse magistrale est nécessaire à la figure de l'époque. En revanche quelque chose est nécessaire à lui-même. Il sent l'âge où se reporter vers le pays d'enfance, sinon pour y demeurer, du moins pour mesurer le chemin et se connaître ; il organise l'épopée de ce « retour » si traversé ; sa pensée appareille vers ce premier rivage dans la brume. Où donc est sa patrie? Une telle lacune dans la connaissance de sa propre vie le vieillit de plusieurs siècles quand il s'estime. Une frontière de sa vie disparaît à ses yeux, et plus complètement peut-être qu'elle ne fera aux yeux de l'éditeur averti, dans trente siècles. A ne pas savoir où prendre ses années dans leur début, elles lui semblent s'adapter malaisément : la part flottante ne protège plus son impression. Où donc est-il né ?

Peut-être porte-t-il en lui les indices de son origine. Le voici qui fait, dirai-je, une première critique de sa vie. Il se redit les poèmes qu'il a composés, et s'y applique, incertain si son œuvre ne sait pas de lui plus que lui-même. Mieux encore ! Il écoute les doctes pullulants, qui déjà se nourrissent de ses chants, et glissent, en leur marge, les scholies insinuantes. Il se met à leur école, docile aux sens qu'ils proposent de ses formules inspirées. Car si le roi a fait un songe dont il ne distingue s'il est de promesse ou de menace, dont il ne connait que la couleur et l'impression, en vain le reprend-il avec minutie, jusqu'à ce qu'un homme lui soit amené, dont l'art est d'expliquer. Tout de même, dans le secret de ses chants, des hommes sans poésie feront entrer le poète.

Mais cela s'est trouvé vain. Il part. Il part à la découverte, attentif à tout, mais d'abord à se garder de préférer. Suivons-le dans ce voyage où des pierres lui seront lancées, moins douloureuses que les hommages inutiles, où tantôt il sera certain d'être appelé l'Aveugle, et tantôt de ne pas suffire à son nom. Un très jeune enfant le guide. Une espérance renouvelle son cœur. Assurément il souffre d'ignorer le lieu de sa naissance ; mais, amateur du divin, il goûte une vue égale sur les temps confondus : le lendemain indistinct de l'origine, et sa naissance faisant l'objet, non d'un choix bien sûr, toutefois d'une proposition. Sa naissance est devant lui. Mieux que par ses poèmes, il approche ainsi, par sa vie, des méthodes de la Composition divine. « Attendez ! » dit-il aux Dieux pressants, « attendez ! je n'en suis encore qu'à la fin ! »

Voyage où les heures de fatigue sont encore des heures consultées : couché sur la terre, il attend qu'un secret monte d'elle en lui, de plus loin que les hommes ; il l'appelle terre de confidence. Chaque épisode diffère; que de villes le veulent pour enfant! certaines ont préparé les termes d'un accord ; certaines se proposent sans raisons, comme par une nécessité de leur nom et du sien ; une autre lui offre un chœur de vieillards experts en souvenirs ; une autre, à défaut qu'elle soit sa mère, assemble le collège des raisons suppléantes. Celle qui est prodigue lui réserve, dans une légende, une telle filiation qu'elle placerait son berceau sous l'olivier. Et celle qui est sur l'autre rivage : « Admets d'être mien, lui dit-elle, que je te recommence ! Admets d'être mien ! Que ta figure forte vienne soutenir mes fables excessives ou se prêter à des instincts de tendresse en moi ! » Mais il se réserve. Il se sait gré de passer avec une égale rumeur du sang auprès des barques de pauvre pêche et devant les palais féconds en exils d'enfants. Il lui arrive de s'arrêter aux péristyles où l'ombre est bleue ; la porte est à hauts battants, brodée d'une fente propice ; et, de la conversation, il attend une miette qui tombe et le nourrisse. Il lui arrive d'être au seuil, d'être au détour, d'être au regard ; parfois de passer une frontière avec l'âme des conquêtes. Ou bien, s'il approche un soir de la cité tardive, il écoute les chiens aboyer et cherche l'écho. Assurément il faut bien qu'il traverse un jour le pays qu'il cherche ; mais ni l'âge ni l'ample mouvement de son inquiétude ne lui en laissent percevoir la pression. Une fois peut-être, l'héritage de son cœur et l'esprit flottant d'une foule au marché crurent se convenir comme les deux parts de la bague rompue. Une autre fois surtout, dans les îles, sollicité par des danses empreintes de pensée et par l'hymne le plus ingénieux, il céda presque à l'accueil, tant ses fatigues attentives reposèrent exactement dans le rythme.

Ainsi va ce voyage, jusqu'à ce qu'il aperçoive enfin les moissons et les remparts qui entourent la même ville d'où il est parti.

Ce n'est pas cette histoire que j'ai à dire, ni rien qui y ressemble ; mais Paul Bourget venait à la ville de sa naissance.

LA QUESTION DE LA ONZIÈME HEURE

Quelques semaines plus tôt, il avait reçu ce genre de message involontaire qui décide plus qu'un ordre, et qui semble préparé par une complicité confuse. Il travaillait alors, avec Gérard d'Houville, H. Duvernois et Pierre Benoît, au « Roman des Quatre ». Cet attelage bizarre l'emportait ; une émotion narquoise se penchait sur sa pensée. Un matin, il eut à lire la lettre de P. Benoît qui est la septième de ce roman par lettres ; et son regard tomba d'abord sur les quelques lignes où il est question, par accident, d'Amiens. Bourget lut et relut la morne allusion du jeune romancier à sa ville natale. Un injuste soupçon de soi l'entreprit. Aucun des jours suivants, il ne put détacher de la sa pensée :

« Je connais la pluie et tout ce qui s'ensuit. Quand je faisais mon service militaire dans une terrible ville du Nord qu'on appelle

Amiens, je me souviens des heures qu'elle m'a values, la pluie. Il y a des petits jardins qui longent la voie ferrée d'Abbeville. J'allais m'y promener, seul, sous la bruine qui tombait sans relâche ; ma capote bleue, sur mes épaules, je la sentais devenir progressivement spongieuse et glacée. J'avais un livre dans ma poche, mais je ne pouvais l'ouvrir, à cause des étoiles d'eau qui surgissaient instantanément sur ses pages. Les trains, déjà éclairés, passaient. Parfois un s'arrêtait à cause de quelque encombrement. A travers les vitres des wagons de luxe, quand il n'y avait pas trop de buées, j'apercevais, tout près de moi, les têtes blondes des belles voyageuses européennes, qui laissaient le Nord pour les pays de soleil. Le train repartait ; il faisait plus noir encore. Dans le lointain, un clairon sonnait » (1).

Ainsi est-il parlé des jardins étroitement suspendus entre la ville et la voie. Episode médiocre et mouillé, mais qui rappelait à Bourget sa naissance, comme une provocation. Dès lors il avait été sensible à cette part voilée, et il s'était promis d'entreprendre

(1) *Le Roman des quatre*. Lettre VII, de Lucien Huvelot à Micheline Barge.

un roman dont la Picardie serait le cadre et le sujet d'étude.

Plusieurs provinces, l'Auvergne surtout, lui avaient, au cours de sa carrière féconde, inspiré d'importantes pages. Rien ne lui avait paru plus souhaitable que de s'attaquer à un coin choisi de la France, de mettre en valeur sa force utile, de réveiller par l'analyse les vertus finissantes des terroirs, et d'en organiser l'influence. Mais jamais il n'avait sérieusement songé à la Picardie. Que serait-elle susceptible de lui fournir, soit pour l'exaltation d'une idée soit pour le bûcher d'une autre? Sans même qu'il articulât le grief, Amiens lui apparaissait, à peine sortie de la brume des faubourgs, demi-centre éternellement à la remorque. Qu'importe quelques monuments curieux ou admirables, s'ils y semblent chus, dépaysés, comme par une pluie géographique? En fait, Amiens, pour mériter quelque intérêt, manquait de deux caractères qui vont peu à la fois, mais ne doivent pas faire défaut à la fois : Amiens manquait à un point rare, d'intellectualité, et Amiens manquait de Race.

La guerre n'avait fait, bien entendu, qu'accentuer cette double défaillance, cette neutralité confuse. Mais quoi ? la guerre n'a-t-elle pas posé autrement les questions neutres ? l'après-guerre n'est-il pas précisément marqué par une invraisemblable absence d'Intellectualité et une mixture inouie dans la Race ? Alors ? Aucune région désormais ne méritait davantage de solliciter Bourget que celle qui était remplie déjà de cette double défaillance, et qui de plus s'est trouvée point de rencontre de l'avant et de l'arrière, de la France et de l'Angleterre. Pour l'étude d'un temps confus, sa confusion même donnait au pays Picard, sans trop d'artifice, une espèce d'unité. Et par ailleurs sa trivialité établissait Amiens à proximité des grands secrets, comme le vestibule de tragédie, entre la chambre d'amour et la chambre du conseil (1).

(1) De jeunes esprits d'une récente école ont cherché ces points qui eussent une vie propre Unanimistes décidés, ils ont traité le carrefour en personnage suffisant. Classiques par là même : l'éternelle antichambre de nos tragédies en est, à la vérité le plus vivant personnage. Racine ne me transporte pas à droite, et puis je ne sais où ; l'inquiétude des murailles éloquentes doit se résoudre devant moi Et nous dirons à notre camarade Jules Romains que Corneille et Racine étaient avant tout unanimistes. Galerie ou vestibule, un point d'espace est

Ainsi il semble que cette ville, qui ne pense pas, vive. Bourget toutefois ne s'était pas établi sans résistance dans cette vue nouvelle d'Amiens, non plus que sans délai dans le dessein de bâtir d'elle une œuvre. Cette ville sans relief l'arrêtait enfin à sa question, mais il se refusait encore à admettre que la médiocrité eût un tel intérêt. D'ailleurs le compte effarant des travaux déjà commencés ou promis (romans, articles, conférences)... excluait tout nouveau projet. Il n'aimait pas non plus cette arrogance d'une ville, cette façon soudaine de s'imposer ; et d'abord il était resté muet sur son désir. — Mais encore qu'était-ce que cette Picardie à l'ombre ? Nul regard précis ne l'avait percée à travers ses ressemblances ; peut-être courait-elle en lui sa der-

une angoisse ; nous lui dirons que, somme toute, il n'y a là rien d'autre que la vieille règle d'unité, le souci de placer la crise en un point régulateur. Les grands dialogues ou les correspondances d'hémistiches ne sont que des battements ou plus amples ou précipités au cœur du palais fiévreux. Et pas de danger que la scène reste une minute vide ; pas d'artifice non plus si les groupes s'y succèdent exactement, puisque jamais une poussée ne manque de fournir au cœur. Nous lui dirons que le vestibule classique est un « central »... ; et lui n'en a jamais douté.

nière chance ! Il s'agissait de l'étudier comme un pays dont on affirme le caractère, et qui semble en manquer ; qui, dans aucun domaine, n'a eu son dû ; comme un point très sensible de France, et par là même, tous ces temps-ci, comme un des points touchés et passablement pourris. Il avait enfin décidé ce voyage minuscule, fait tout entier de disproportions.

Amiens allait donc lui donner, comme telle ou telle autre ville naguère, le cadre et le premier point de l'étude.

Mais quel problème d'âme s'y poserait-il ? Il était revenu, à plusieurs reprises, sur les secrets de l'éducation, la maîtrise, sur l'homme, soit des hommes soit des lieux. Il avait avec complaisance étudié dans plusieurs personnages de ses romans la filiation des esprits et noté quelle part y revient aux murs et aux terres, aux regards ou bornés ou baignés, à l'air. Toutefois il n'était question que de l'enfant déjà en arrêt devant les pierres ou les mots, de l'adolescent méditatif. Mais les deux ou trois années qui commencent la vie ne sont-elles pas presque tout ? Il était temps, lui semblait-il, de donner enfin, sur la patrie du tout jeune âge, autre chose que des niaiseries ou des grâces ingénieuses. De grands auteurs se sont permis, sur la fleur et l'avant-fleur de la vie, la distraction d'une plume indulgente; fussent-ils exquis, leurs livres sont sans portée - D'autre part Bourget se fatiguait des grandes théories inadaptées, et ce n'était pas tout, pensait-il, que de faire passer cette question des premières assises du caractère comme un point acquis de la théorie des milieux. Ainsi le sujet se posait-il dans son irrésistible simplicité :

Même si l'on n'en « est » pas véritablement, si la famille y vient d'arriver et déjà se prépare à en partir, est-il une influence de la ville où l'on naquit ? Que peuvent laisser quelques contacts et la manière encore inappréciée d'un printemps ? La voiture où dort l'enfant est réglée, dans sa promenade de chaque jour, par l'ombre ou l'abri ou la vieille raison des rues. Jusqu'à quel point est-ce préjugé que d'y voir pour l'enfant un insurmontable conseil ? Il était né à Amiens ; mais si vite il en était parti pour Clermont qu'il avait toujours daté de Clermont sa première formation. Aucun lien n'avait continué d'unir sa famille à la ville

Picarde et ne l'y avait par la suite rattaché. Que les tout premiers temps de sa vie se fussent passés à Amiens, cela ne lui était donc jamais apparu que comme un simple accident dû à la fonction de son père. Aucune part du pays n'avait eu le temps, semble-t-il, d'intervenir directement dans son éducation, de travailler, je ne dis pas même son caractère, mais l'équilibre de ses sensations, de laisser, à la vue ou au toucher, de ces regrets subtils qui interviennent. Et son père, par quel détour l'imaginer lui transmettant une influence des choses et le moindre afflux du pays ? Et pourtant ? Pourtant ? La recherche s'imposait.

Il avait d'abord renoncé, sentant confusément qu'il périrait de l'échec, et qu'il échouerait au problème du premier regard. Puis il avait cédé. Il se sentait orphelin d'une vérité tendre.

Telle était l'œuvre projetée. Bourget s'en émerveillait. Il voulait là son chef-d'œuvre.

La Picardie. Tout un coin de France à étudier, et peut-être le plus difficile, parce qu'en apparence le moins caractérisé, le plus souffrant de parentés.

La première enfance. Tout un coin de vie à étudier, et peut-être le plus difficile, parce qu'en apparence le moins caractérisé, et le plus disproportionné.

Double étude dans une émotion. Car il souhaitait l'émotion aussi ; non la facile, qui naît d'une touche des souvenirs, de l'harmonieuse sourdine de certains passés définis ; mais l'émotion paradoxale, qui ne se distingue ni de l'idée, ni des franchises de l'auscultation ; lyrisme aigu, ouvert par l'analyse la plus surveillée, la plus dépouillée, la plus illyrique... ; il aimait pressentir cette émotion réservée.

Mais en même temps Bourget s'irritait : Comment ! rien ne l'avait donc averti plus tôt d'un tel sujet, des liens qui l'attachaient à cette œuvre, et en quelque sorte de ses devoirs envers elle ! Il était à la fois enthousiaste et confondu. Il se tournait vers l'effort sans en être apaisé. Il avait été négligent. Il s'en défendait cependant. Pourquoi cette manière de reproche, comme si l'œuvre avait été projetée, commencée, puis abandonnée ? Ce n'était pas ! Bien des sujets sans doute l'avaient sollicité depuis cinquante ans. Combien auxquels il s'était promis, dont il avait crayonné l'ébauche ou scruté l'abord, et que seule l'extrême abondance de sa vie d'écrivain l'avait forcé de différer, jusqu'à ce qu'ils se fussent résignés à n'être plus qu'un accident de sa mémoire ! Quelle singulière vie avaient menée en lui certaines œuvres décidées, différées, et que son esprit emportait, différentes d'elles-mêmes, de migration en migration ! Ainsi quelle ardente promesse sous délai il avait faite à Madame Michelet : « ... L'étude sur M. Michelet est de celles qu'il faut faire avec tout son cœur quand on l'entreprend, et avec tout son esprit, et je ne saurais la mener concurremment avec une autre. C'est donc encore un travail un peu reculé pour moi... Mais je compte bien me donner cette fête d'âme avant qu'il ne soit très longtemps... » Que de vestiges analogues ! Mais ce sujet d'enfance et de Picardie n'avait jamais vécu en lui. Il ne devait nulle excuse à nul projet. D'où lui venait donc d'être irrésistible, et son reproche ? Dans le même moment, Bourget se faisait tort de ce qu'il se proposait ; il concevait et se déconcertait. Tant d'esquisses délaissées ont préparé cette place sensible pour un retard venu de loin ; la question paresseuse s'établit dans le séjour de mille abandons, s'offre au travail d'un cœur soudain sensible à ses insuffisances ; elle occupe en entier le siège du regret.

Eh quoi ! Un tel mouvement en lui, pour quelques lignes d'un jeune littérateur ? Une si sévère remontrance au programme de sa vie, pour l'involontaire allusion d'un cadet ? N'était-ce pas un peu dérisoire ? Et Bourget se demandait auquel de ses aînés il avait lui-même, dans ses débuts, porté sous le masque un coup semblable. Etait-ce chez cet éditeur, ou dans les premiers fumoirs ? Etait-ce peut-être dans cet entretien où, comme ils sortaient de la Nationale et sur un maigre propos de la rue, le regard de Taine, sous les paupières brûlées, avait oscillé ? Etait-ce par un silence ?

De toute façon, nous savons maintenant quelle question se posait Bourget (question double), et nous l'appellerons la Question de la Onzième heure, exigente et tardive, plus généreusement payée qu'une autre de reculs et d'inquiétudes.

ITINÉRAIRE

Et d'abord, pour la première fois, Bourget n'avait pas précisé l'essentiel ; pour la première fois, il emmenait avec lui une question sans réponse, comme une enfant difficile. Il allait à Amiens, sans s'être fixé l'impression qu'il en ressentirait, ni la thèse à laquelle il asservirait tout détail. Il abordait un problème sans avoir posé sa conclusion.

C'était tout à fait contraire à sa méthode, et d'ailleurs à la bonne méthode. Car les maîtres de la jeunesse ont beau prescrire, comme indiscutable, d'entreprendre toute enquête sans parti pris, de n'emporter en voyage aucune idée préconsue..., ce n'est pas très sérieux ; tout au plus marque-t-on par là un goût de mélodrame intellectuel et le souci un peu niais de ménager l'intérêt. En réalité, celui-là seul est sensible à l'art, qui ne s'émeut pas moins aux vers cent fois redits ; celui-là seul est spontané, qui sait se retrouver dans l'attendu ; celui-là seul est sincère, qui peut à l'avance répondre de sa réponse. Rien ne doit être plus minutieusement préparé que l'impression. Attends ! je n'ai pas bien réglé encore la façon dont je serai surpris ! — Enfantillage, de laisser la destinée d'une ville en soi aux caprices d'une averse ou d'une digestion, et non aux sources mêmes d'un élan travaillé ! Enfantillage, de laisser la solution d'un problème ou politique, ou psychologique, aux hasards d'une expérience, d'une statistique ou d'un dossier, et non à un premier don de sa vie ! M'en remettrai-je au chemin pour me choisir vers où ? — L'exercice du cirque est une bonne école ; rien n'y est plus rigoureux que la plus folle audace. Mais quelle aisance puis-je atteindre dans l'exercice de mon jugement, quelle assurance, si je ne sais au juste ni comme il se suspendra, ni comme il jouera et tombera ? La moindre insécurité sur les limites est la plus solide entrave.

Pour le cœur aussi ; avant tout départ, déterminons l'accord final ! L'émotion y gagne d'habiter déjà les premières mesures, quand on sait l'aventure. L'été frémit avant son temps ; la plus simple promesse s'enrichit des consolations prématurées ; l'avenir fait écho. Quand seulement je fus bien certain de mon amour, mon amie, d'y parvenir, et de ses étapes, alors, oui, j'ai souhaité qu'on me dit ton nom et qu'on me fît te voir. Qu'aurais-je gagné de t'avoir, avant cela, connue ? Quelle liberté puis-je avoir dans l'esprit et dans la chair si je ne suis certain de l'aiguillon et du relais ? Quelle liberté, si je ne suis esclave ?

Ainsi pensait Bourget. Se poser un problème sans être certain qu'on porte en soi la réponse lui était toujours apparu une malice ; et il avait bien quelque dédain pour ceux qui aiment à se jouer les romanesques de la pensée. Bourget n'avait d'ailleurs point de facilité pour improviser le plaisir ou l'idée. Ainsi, tant par nature que par principe, il n'avait jamais encore négligé le bon ordre : préparer son voyage, c'est-à-dire préparer le régime de sa sensibilité aussi bien que celui des trains et des hôtels ; choisir l'émotion ou l'idée que l'on entend promener avec soi ; et si l'on en change par hasard, c'est par les justes voies de l'infidélité. Cela n'empêche pas la spontanéité ; il n'est pas contradictoire que le sort soit réglé et qu'il importe pourtant de jouer (perdue qu'elle est, joue ta partie !) ; méthode Janséniste. Et c'est une admirable méthode pour se démener ; toujours Bourget restait prêt à déchaîner le scandale et l'instinct, mais selon les prévisions et à la condition d'un spectable régulier. Il s'agit d'obtenir que le tumulte atteigne à l'extrême sans rien entreprendre sur la règle. Erreur de croire qu'il faille sortir du principe ou de la doctrine pour être troublé profondément. Tout au contraire, rien ne donne une image sans grandeur et de platitude comme le débordement ; il étale la misère finissante d'un vertige. Les indépendances de certains artistes ou penseurs, parfois des plus grands, ressemblent aux accès de l'Océan, si, las de son domaine, il revendique, comme la marque suprême de sa libre force, d'étendre un triste remous dans la plaine et de charrier enfin des ustensiles de cuisine et des veaux crevés.

Mais l'Océan même ! N'abusons pas de ce nom de qui nous nous promettons à tort du dérèglement. Je me promène sur une plage de sa côte pendant les assauts d'équinoxe ; et l'Océan, ce jour de son plus grand désordre, revenu à la querelle primaire de l'élément, quand il apporte sa furie des Antilles ou le vertige d'une grimace commencée à combien de milles au large, à peine pourtant s'il mord vingt mètres sur sa limite et me gêne au chemin de planches.

« Soit, répondra-t-on, admettons à la rigueur que cette méthode de la solution préalable, du résultat voulu, laisse à l'auteur le libre jeu de son esprit et de son regard. Du moins elle fausse à coup sûr la réalité, empêche l'exacte estime des faits, entâche le jugement de partialité ; et votre Bourget par exemple, s'il entame d'ordinaire l'étude d'un auteur, d'un milieu, d'un cas, avec la certitude anticipée de sa conclusion, quels rapports entre sa parole et la vérité ? » Certes Bourget n'avait jamais été très sensible aux grâces peu excitantes de l'impartialité ; et, sachant qu'elle est un leurre, il ne l'avait pas davantage estimée. Mais aussi qui dira les torts de l'impartialité ?

D'abord elle est inefficace. Deux forces égales n'ont chance de s'équilibrer qu'en intervenant dans le même instant. Mais l'action de l'une ayant précédé, quelle sottise de croire que l'autre suffise pour déterminer le retour à l'équilibre. Il faut un contrepoids d'erreur. De plus, personne n'échappant à la partialité, le seul fait de promettre qu'on l'évitera fausse le poids de l'argument. Si j'affirme que l'heure sonne, que suis-je qu'un partisan ? Aussi tiendrais-je, pour ma part, à annoncer, au début d'un ouvrage d'études, ma ferme résolution d'être partial.

Enfin qu'est-ce que ce privilège de la vérité ? — La vérité d'un fait est une qualité de ce fait ; on ne voit pas en quoi elle devrait nécessairement l'emporter sur une autre des qualités de lui-même ; la vérité d'une observation, sur une autre des qualités d'elle-même. On ne voit pas en quoi nécessairement la largeur intéresse plus que l'épaisseur ; ou, dans une robe, le tissu importe plus que la couleur. Assez souvent même, en tel ou tel point d'un ensemble, il faut une figure qui ne soit pas faite de vérité, mais dont la ligne et le détail servent à l'équilibre ou à la signification. Il n'est permis à personne de ne pas servir, pas même à la vérité.

Encore la vérité n'est-elle pas donnée, mais à faire. Un objet, un fait, devant le regard, l'esprit, aucune importance qu'il soit par lui-même exact ou véridique ; rien ne compte, sinon que la vérité soit dans la vue que l'on en a. Et, tout différant pour chacun, l'œil, la distance et l'angle, présenter de l'exact est un travail de dupes. Si je mets de la vérité devant un esprit, il est absolument certain qu'il ne verra pas de la vérité. Une déformation s'impose, qui compense. Les chiens ne savent pas proportionner la vérité.

Mon Dieu ! Votre huitième commandement me donne souvent mal à la tête ; les seules sincérités que je puisse avouer en moi, à quoi de vrai ressemblent-elles ? De toute façon, au lieu de prétendre que les vérités sortent des faits, il faut, pour l'idée chère, abattre les faits choisis et les travailler, et construire la maison.

Mais cette fois, — la première, disions-nous, — Bourget dérogeait ; il était à quelques heures à peine de la rencontre et n'avait pas décidé ce que les choses lui diraient. Première menace.

Une seconde s'ajoutait ; son analyse, à l'ordinaire, procède par ensemble et prends une ample mesure des choses ; les nuances s'y répartissent après coup, mais il n'a point pris d'abord leur conseil. Qu'il s'agisse d'un beau champ régulier dans la plaine, pourquoi en compliquer à plaisir l'arpentage par vingt figures où trois suffisent ? Un grand rectangle approximatif est plus juste en fin de compte que l'addition de parcelles minutieuses. Bourget agit de même, par une prise sommaire qui contient le détail en le négligeant et emporte la nuance sans l'exprimer. Il est plusieurs façons d'aboutir à la mesure d'un cœur. Bourget peut-être ne l'organise pas comme les derniers analystes ; il simplifie à l'extrême ; il réduit la prise aux grandes figures de la connaissance ; et quand d'autres arrivent, chargés des artifices et des calculs de l'enquête, il n'importe déjà plus au procès ; peut-être n'y ont-ils gagné au total que des chances d'erreur multipliées.

Mais aujourd'hui Bourget se proposait une œuvre qui échappait à cette manière. Ni le problème de la première enfance, tout gêné de brumes basses, de replis, de groseilliers, n'était un domaine d'ensemble ; ni la région Picarde n'avait subi, pour se prêter à l'ample mesure d'une thèse, le moindre remembrement moral ou intellectuel. Il allait à un point de rencontres nombreuses. Il se trahirait en se cherchant ; il aurait peine à distribuer l'essentiel de cet âge et de ce pays en quelques figures représentatives. Comment tirer de là soit un type soit une leçon ? Rien de général ; mais précisément c'est par leur façon de se ressembler que les choses, là, diffèrent surtout.

Sa méthode était donc doublement défaillante.

Tel était le sujet jaloux, si résolument différent, si brutalement imposé, le sujet prodigue, qui exigeait les scrupules d'une vie et les méthodes de passion. Bourget se sentait perdu s'il ne s'en rendait maître en quelques jours ; sa seule chance de triompher était dans une entreprise brutale, dans une surprise des secrets, et qu'une forte armature, dût-elle être artificieuse, fût rapidement dressée. Il fallait que, d'un trait, la carène aventureuse fût armée de ses agrès et de son sens ; et, en même temps, que d'extrêmes chaleurs fissent éclore la tard venue. Mais comment ? A y réfléchir, il avait paru possible à Bourget d'ouvrir ses cartons pleins d'écrits fragmentaires et de grouper déjà quelques-uns de ces textes inédits, vieux d'un an ou de quarante ans ; quelques-uns de ces textes qui restent, épars, ou tombent, rognés, à mesure que l'écrivain compose. En deux jours, il en pouvait faire un baraquement provisoire ; cela lui donnerait du temps et de la sécurité ; tout prendrait un cours régulier. Bon nombre de remarques, d'esquisses, de pages écrites à des dates diverses s'entassaient, sans avoir encore trouvé place en aucun de ses romans ou de ses essais. Certaines se prêteraient aisément. Leur aide le tentait. Mais il éprouvait un scrupule de toute sa pensée à puiser dans ces notes, ébauches ou débris, et à les utiliser pour une œuvre autre que celle de leur destination Misère d'une idée qui porte, indépendante d'elle, le souvenir d'un jour.

Oui ; on descendait la rue du village Cévenol ; une phrase chantait dans l'air ; on a fait arrêter l'amie ; on s'est appuyé sur son épaule ; on a noté la phrase ; on savait au juste en quelle scène du livre dessiné s'inscrirait son motif. Cependant il est tard quand on la retrouve au hasard des papiers ; tout un âge est passé ; et voilà qu'on songe à lui demander, un jour d'insuffisance, de jouer les utilités dans un récit où plus un visage n'est pareil. N'est-ce pas ainsi, il est vrai, que notre divinité proposa d'abord sa figure aux temples païens, s'accommoda du chapiteau, du rite ou du verbe, accepta d'être saluée et logée, se contenta d'un autel de Jupiter, de l'appareil usagé d'un culte, comme elle fait chaque jour encore des cœurs ruineux. Peut-être même aujourd'hui cette méthode infidèle convenait-elle à une question qui était précisément de l'infidélité. En elle pouvait s'infuser une extrême résonance de la pensée. — Mais Bourget l'avait répudiée.

Le jour, très proche, du voyage était arrivé sans que rien se fût précisé ; le plan, l'accent, le sens du roman restaient également à trouver. Et même, tandis qu'il gagnait la gare du Nord, Bourget avait hésité une dernière fois ; ne devrait-il pas plutôt construire, sur le bord de l'œuvre abandonnée, un renoncement solide et de lointain regard ? Mais déjà il s'asseyait dans le wagon, tourné vers la menace ; rien n'est plus cher à certaines âmes que l'attente d'une déception. D'ailleurs il était appréciable déjà qu'elle dût être double, et de province et de soi-même ; Pindare parle du vaisseau aux deux ancres.

Ce voyage d'Amiens, cent et quelques kilomètres, comment obtenir qu'il eût des airs de voyage ? Tout au moins Bourget avait décidé de le faire par le train, afin de lui donner un caractère d'archaïsme.

Il était à la portière de droite. Il s'efforçait de créer de la distance par une certaine lenteur de la pensée. Il s'efforçait de conduire ensemble toute sa richesse. Il ne pressait pas ses desseins nombreux. Il distribuait obliquement son attention, de façon qu'elle s'étendît, faisait porter sa vue entière, cherchait au voyage une perspective fatiguée. En passant à Chantilly, Bourget se promit de s'y arrêter au retour pour dépouiller son aventure dans le palais qu'il conserve.

Que noterons-nous de ce qu'il vit ? Tout peut être surprise dans le regard. Entre Chantilly et Creil, à droite, c'est peu de dire que le paysage est admirable ; il est d'une plénitude de jouissance particulière. Il se transforme en peu d'espace, entièrement et sans brusquerie. La plaine est toute semée d'accidents heureux. La robe de chaume descend jusqu'au bas du côteau aux belles formes, boutonnée de petites meules. Le goût se multiplie ; le regard équivoque se satisfait aussi bien, qu'il parte de loin, des bois et du château, pour se replier jusqu'à la rivière, au pied du talus, ou qu'il se porte de la rivière jusqu'à l'horizon. Je ne sais qu'ici, dans toute la région, cette équivalence d'un pays souple et tendre ; de quelque part que le regard le prenne ou le caprice, sa façon est de se laisser caresser, comme une gorge à la perfection. Une oscillation indéfinie est promise à un voyage qui s'établit sur une telle première jouissance.

Vingt kilomètres après Creil, le train, gêné par des réparations à la voie, s'arrêta quelques instants en pleine campagne. L'arrêt en pleine campagne a peut-être un certain génie. Dix longs arrêts, échelonnés d'après l'horaire, sur un trajet de rapide international, je dis même de paquebot, ne créent pas une lenteur féconde ; mais quelquefois le moindre tortillard fait halte, essoufflé, entre les betteraves et les œillettes ; et cinq minutes y suffisent à déconcerter le temps, à modifier le régime de la curiosité. Elles peuvent, en tel voyageur, suppléer à l'aventure. Jeune, on appréciait peu les congés du Jeudi et du Dimanche, l'arrêt d'après l'horaire. En revanche, certains prétextes, et par exemple certains deuils, tombaient avec esprit. La brusque syncope du Lundi, l'harmonieux Mardi, le très riche Mercredi, le Vendredi défendu, le Samedi non encore insulaire désentravaient fort bien la semaine et la pensée ; le secret de la vie courait les rues ; ainsi, en douze années passées à X.... cinq ou six jours peuvent vous avoir appris quelque chose de cette ville.

Clermont, Saint-Just.

De Clermont, la pensée de Bourget file, irrésistible, vers l'autre Clermont, celui d'Auvergne, sur lequel se fonde une bonne part de sa vie. Amiens-Clermont. Pour la première fois Bourget associe cette Picardie où il est né, cette Auvergne où il s'est formé. Pour la première fois surtout, il les sent unies par une grande attache mystérieuse. Une éloquence, inconnue et célèbre, a tissé, entre les deux provinces, des fils : les siècles avaient un grand écho lorsque Pierre, dit l'Ermite, prêcha pour la première Croisade à Clermont-Ferrand, de sa voix Picarde.

De Saint-Just, sa pensée de nouveau part en flèche vers des noms de même son. Marie Lenéru a fait réapparaître un Saint-Just parmi les figures auxquelles on peut penser. Mais surtout, plus loin, suivant la même ligne, sans aucun rapport de signification, un empereur se couche dans la demi-légende d'un monastère. Saint-Just d'Estrémadure, où Charles-Quint fit retraite ; ou plutôt Yust ; Yust, dernier écho du nom. Assurément, si ce train n'était pas direct, s'il s'arrêtait à Saint-Just, si l'éternel employé suivait le quai en criant le nom de la station, le bruit du crieur, en se perdant, atteindrait ce coin d'Espagne. Saint-Just-Just-Yust. ...Bourget, si peu sensible aux sons, subit avec humeur cette direction que prend sa pensée. L'homme de raisonnement s'inquiète de telles associations. Le son prendrait-il donc l'empire sur lui ?

Cependant quelle heureuse méthode d'observation en soi ! Pendant la guerre, celui qui était observateur en saucisse ne devait pas, pour observer, s'attacher à suivre du regard une route, une voie ferrée, une rivière. C'eût été le moyen qu'il confondît tout. Sa méthode était de porter son regard droit de lui à l'horizon, en une ligne qui écornait un bois, coupait une route, etc... Ainsi il s'orientait, et les choses étaient ordonnées et estimées selon cette ligne et d'autres lignes pareilles. Or ce qu'était cette ligne du regard pour l'observateur, la ligne du son l'est et doit l'être aussi pour la pensée. Si je veux prendre une idée, la suivre de sa source et par son cours sinueux jusqu'à ce qu'elle conflue ou se perde, j'ai bien des chances de divaguer et toutes les chances de ne rien trouver d'utile. C'est ce que font souvent les philosophes et parfois les historiens de la littérature. Leur erreur est de céder à cette logique apparente. Seule la méthode de notre observateur en saucisse, par laquelle l'orientation est indépendante de l'objet, est féconde ; nous ne pouvons l'appeler autrement que « poésie », puisque, par elle, l'esprit part en flèche, frôlant ou traversant, et atteignant à l'extrême tout ce qui convient ou consonne.

Le train était aux environs de Breteuil. En un point, sans avoir rien précisé du terrain, Bourget eut la perception sensible d'une frontière. Elle passée, les idées s'agitèrent. Il était en Picardie. Comment celà ? Rien n'avait changé dans la campagne, dans les maisons rapides, dans la petite tenue du ciel. Nous ne savions pas à Bourget une oreille si attentive au plus léger discord. Aussi n'est-ce pas cela. Mais un grand chef doit d'abord pouvoir dormir quand il lui plaît. Un grand romancier doit d'abord pouvoir s'étonner dès qu'il le veut. Peu importe que la Picardie soit à quelques minutes de la vie quotidienne, que Bourget l'ait mille fois traversée communément, s'il n'a décidé que d'aujourd'hui de s'y chercher.

Il faut revenir sur cette question des voyages, souligner la véritable mystification des voyages. On a beaucoup écrit, beaucoup dit pour en critiquer l'abus ; par exemple, que la mode les dictait, qu'il arrivait de visiter les beautés d'une province lointaine quand on ignorait celles de sa propre ville, ou que le mirage des distances embellissait bien des platitudes. C'est vrai ; mais c'est une critique bien insuffisante. En fait, il serait curieux d'établir les lois de la curiosité. On objectera qu'elle varie avec l'individu ; oui, sans doute ; chacun en joue à sa manière ; mais elle est d'abord un instrument établi.

Demandez au soldat si la fatigue d'une marche va croissant régulièrement. Non certes ; il connaît, entre l'ardeur et la fièvre, la période ingrate, muette ; c'est vers la troisième étape, quand il va, entre le désir du chant et le besoin du chant. Il en est de même de la curiosité. Il y a des zônes. Il n'est pas vrai que l'éloignement crée, à mesure qu'il s'accroît, un plus grand sentiment de la nouveauté, un plus grand éveil. Prenons la métaphore acoustique : au long du chemin se distribuent en nous les périodes du « son » et du « silence ». Le tout est donc de savoir organiser son impression, accorder sa curiosité, de façon que, dans cette alternance, le « ventre » coïncide avec le point requis. Oui vraiment, si l'on se sent dépaysé en telles parties d'un voyage et enfin saisi par le génie de la nouveauté, cela, n'en déplaise à tout exotisme, tient fort peu au relief ou à l'art des pays, fort peu au minaret ou au sourcil féminin ; tout simplement, c'est l'heure sonore au régime intérieur. Vous dites « tel pays m'a déçu », cela ne signifie rien ; mais l' « onde » était au nœud de la déception. Je me souviens de pareilles alternances dans mes voyages ; après avoir traversé des heures très prometteuses de désarroi, je débarquais en un coin d'un romanesque, ou, pendant la guerre, d'un tragique, qui, après tout, aurait dû suffire ; et voici cependant que toute partie de moi l'appelait aussitôt « Proximité ».

Il n'importait donc pas qu'Amiens fût à la distance que nous savons.

D'ailleurs la Picardie a sa différence. Elle diffère aussi fortement qu'elle a jamais différé ; son caractère n'est pas moindre. Parler, modes, maisons, apéritifs, droits de l'homme, tout se ressemble aujourd'hui ; les pays et les cœurs. Non pas ! Des siècles ne détruisent pas, n'atténuent même pas une différence ; ils la dissolvent, et font qu'au lieu d'être répartie en peu de titres, et pittoresque, elle est partout où elle échappe. Le caractère propre ne constitue plus une rubrique ; mais qu'une différence puisse diminuer, c'est quelque chose d'inconcevable, de proprement inintelligible. Rien ne se perd. — Une longue pratique, mon amie, nous rapproche en toutes pensées. Sois tranquille cependant ; rien de nos désaccords ne s'est perdu ; dissous en la vie insensible, ils sont la part renouvelée de nos désirs. On arrive, semble-t-il, au même point, pareillement nommé, mais qui ne rendrait un même son que pour des cœurs insuffisants. — La Picardie est ainsi exempte de pittoresque et de points évidents ; son caractère abondant, mais dissous, fait d'elle encore je ne sais quelle tribu inexprimée.

Le train passe devant un signe de cette tribu : Boves. Le château de Boves.

Les ruines ont, pour parler d'un pays, la prolixité des aïeules. Et voilà bien sûr l'occasion de poser à la province une première question. Bourget n'y manque pas. Il se tourne vers la gauche. Le château de Boves couronne d'une ruine légère la tête d'une enfant qui se penche à la portière.

Deux pans se regardent sur l'horizon. Ils suffisent, s'ils sont en mesure de se renvoyer le bruit des temps. Comment supposer qu'aucune oreille Picarde n'ait su écouter ? C'est bien le cas cependant ; la montagne avoue avoir accouché d'une souris, et cette hauteur de Moyen-Age (à qui il ne manque que d'être ailleurs), d'un dicton. « Le château de Boves ;

belle montre, peu de chose. » Telle est la note définitive du buccin Picard ; la Picardie apparaît le rare pays qui fait de sa ruine, non seulement une matière de plaisanterie, mais l'assise et la mesure de son dédain. Elle a une terrible façon de se réfréner, de ne rien vouloir avouer de sa beauté. de craindre qu'on l'apprécie ; tout caractère d'elle, dès qu'une âme en cherche le chemin, s'affuble. Quelle est la raison d'une telle rigueur de la Picardie sur elle-même ? Par-dessus tout, je crois, elle se défie de l'Art, de l'empire français de l'Art. Elle le voit qui, dans sa conquête, se nourrit de tous les pittoresques locaux, épuise successivement les plaines et les pensées ; alors elle refuse à l'envahisseur la moindre ressource. De même, aux jours de Charles-Quint, Montluc et Tavannes ravageaient les fruits de Provence devant les Impériaux. Le pays Picard craint qu'une partie de son caractère ou de sa beauté ne serve à nourrir une œuvre, ne contribue à l'empire de l'Art. Aussi son secret, ne se le dit-il pas à lui-même. J'en veux un autre exemple.

Ma rivière enveloppe, avant Pont-Noyelles, un nid de villages. Rien ne vaut, dans ma mémoire, certains soirs piquants de demi-lune où m'y ramenait la cahotante carriole d'un campagnard. Le brouillard montait jusqu'au chemin dans le silence des terres et des luzernes molles. Seul le sens aigu du retour éclairait encore les arbres le long de l'Hallue, et, par delà l'avancée des marais, les toits graves et serrés. Il y avait à nommer ce coin de vallée, à lui donner un nom familier. C'était, n'est-ce pas, une facile affaire de gentillesse, et, ailleurs, on eût tiré ce nom des fraîcheurs du lieu, de ses herbes ou d'un souvenir ou d'une légende. Mais les gens d'ici disent « la bassure ». La Picardie a le don du mot qui diminue et qui n'est pas un diminutif. Elle est toujours disgracieuse par quelque point. S'il arrive qu'elle sente la saison, une contagion des charmes, un retour des âges travailler à découvert une chance de sa beauté, elle rechigne ; si bien que qui entreprend de l'exprimer ou de la conquérir a vite figure de Chérubin déconfit.

Mais Bourget se proposait de la conquérir rudement. Le train approchait d'Amiens ; Bourget gardait sa décision robuste ; il se dirigeait vers la partie vierge des provinces et dans une région touffue de l'âme. Et il avançait, avec son esprit en forme de cognée.

Toutefois, comment s'orienter ? Dans un bois, la mousse recouvre un même côté des troncs ; cela suffit pour donner à l'enfant bûcheron un moyen de s'orienter. Or nous avons vu Bourget partir, pour la première fois, sans plan ni guide, sans rien emporter pour se diriger dans les faits et les souvenirs ; la pointe des doctrines est affolée. Le voici qui arrive, regarde, écoute ; il va dans une épaisse futaie. Comme l'enfant bûcheron, il ne peut se reconnaître que par la disposition répétée des obscurités. Pour réapprendre l'instinct et s'en remettre à la leçon de la mousse, il aura de la gaucherie et des calculs.

Le train arriva un peu avant quatre heures.

LE CAMP DU DRAP D'OR

Rien de décourageant comme les premiers mots dits par Amiens à celui qui sort de la gare. La ville n'a choisi d'être vue ni dominante ni dominée ; elle n'impose pas de l'activité, et elle n'est pas retirée. Bien entendu elle n'accueille pas, et ce n'est pas de la réserve ; on entre comme dans la vie. On souhaite un bel accès de laideur ; mais les boulevards sont passables ; gênée d'en convenir, Amiens vous regarde de biais par sa première rue.

Pour quitter la gare, on monte, mais à peine ; juste pour que les pavés glissent. Toutes choses, dirait le poète, viennent à la gare d'un « glissant pas ». En fait, c'est beaucoup moins bien. Rien n'est curieux toutefois comme de regarder venir par le hall, de la ville à soi, la femme aimée. Elle s'inquiète de l'heure et de vous. Elle se veut rapide et sans efforts. La descente altère sa marche, sans toutefois s'imposer. Elle approche, ainsi portée. Son pas s'allonge ; mais quelle part revient à son désir, quelle part à la pente dans le faux élan de son corps tendu ? Son genou distingue-t-il ? Ses regards se querellent, et s'inquiètent d'une gaucherie. Nous le savons, on ne débrouille jamais au juste, chez la femme, les compromis de la pensée et du reste. Pour s'en convaincre, cette faible déclivité donne un grossissement utile.

Bourget avait quitté le hall. Il entra par la porte Anodine dans la ville sans terrasses. Il fit quelques mètres et revint. Le souvenir même du texte de Pierre Benoît le porta vers la gauche, dans les jardins qui suivent la voie ferrée, jusqu'au Cirque.

Toute cette partie de la ville ne pouvait lui fournir, il le savait bien, aucun renseignement sur les premiers moments de sa vie, ayant, depuis trois quarts de siècle, subi la plus entière transformation. Toutefois une ville ne peut se transformer que selon sa logique ; un aspect de l'ambition locale s'exprime par là même ; et peut-être Bourget surprendrait-il là une part épanouie de son caractère. Dans les familles, il arrive que les ressemblances s'accusent à mesure précisément que les visages ou les caractères fleurissent ou se creusent. Il se peut qu'un indice d'influence ait grandi, que Bourget se reconnaisse dans un secret développé.

Tout au moins pouvait-il espérer trouver, dans ce coin de promenade facile, la couleur et le prétexte de son récit, l'agrément d'un cadre ou d'un visage. Tout ce qui, dans le roman, serait la part du « roman » abondait ici. Mais Bourget traitait d'ordinaire cette part de l'anecdote avec quelque dédain. Il restait un romancier volontaire. En lui, l'idée précédait, présidait ; l'intrigue s'ajoutait par la suite, souvent bien tard et souvent assez faible. Quelle joie forte éprouvait Bourget, à chaque nouvel ouvrage, lorsque, avant de rien imaginer, il pouvait suivre sa pensée dans sa rigueur et sur des routes encores vacantes de romanesque ! Aujourd'hui au contraire, nous le savons, il était arrivé à pied d'œuvre sans s'être rien fixé de sa thèse. Il allait avoir à débuter par la couleur et l'ingéniosité. Brusquement mis aux prises avec son roman, tenu par son sujet plus fiévreusement que par aucun autre jamais, et démuni, il était condamné à imaginer d'abord, à chercher un fil romanesque dans le pays confus. Mais quoi ? commencer par le chapitre de la femme et de la chanson, n'était-ce pas pour son œuvre une menace, un obscur travail de discrédit ?

Bourget avance ; à peine s'il observe. Il est à la première heure d'une aventure, qui est de ses dernières et sera son intraduisible ; d'autant plus saisissante que d'un pittoresque plus négligent ; diriez-vous qu'il s'en soucie ? à peine s'il regarde. Non qu'il se recueille ou se réserve. Mais il est parti pour la chasse à l'idée, et, devant ces premières rencontres qui sont fragiles, il se défie de sa manière ; il craint les violences de son attention. Il donne le change ; parfois, raconte-t-on de la lionne, elle plante en terre la pointe de son regard, de peur d'effaroucher la proie.

A la longue pourtant a percé son violent propos de compromettre le pays. Il a traversé la rue qui coupe la promenade, juste avant le kiosque, et s'arrête ; à l'entrée, deux massifs rouges, d'une lecture violente ; ensuite, une femme et le jardin. Ah ! rien n'a plus de charme, moins de sens !

Elle cause. Peu importe ce que dit une

femme. Mais elle sourit. Tout le secret des races (fussent-elles les plus difficiles du monde) se lit dans le prolongement d'un sourire. Que va prêter cette héroïne à l'interprétation d'un Bourget ? Il n'est pas en humeur de décrire un manteau, un bijou ; il ne veut badiner avec la silhouette. Cette femme, qui est du pays, dont la famille tient toute au pays, qui se présente comme de haute industrie et de race certaine, il veut lire dans l'héritage de son sourire. Elle excelle à l'avoir charmant, mais qui ni ne reste suspendu, ni ne tombe sur ce qu'il faut. Un sourire doit mener, d'une part vers un secret du cœur, et de l'autre à un accident accordé des choses. Il faut qu'un regard soit navigable à mont, à val. Qu'importent les grâces de ta figure, si je ne puis sans déconvenue me reporter par ton regard en toi, ou suivre vers les choses ton regard. Or là, que gagner ? Le regard de cette femme ne savait rien. Il s'écorchait à la grille, s'embarrassait dans quelques verdures insuffisantes ; il ne conduisait à propos ni vers ce qui clôt, ni vers ce qui fuit, ni vers ce qui vit. Il avait des ingéniosités récentes, et trahissait l'entreprise.

Que serait-ce du jardin ? Mais lui non plus ne traduisait aucune poussée du pays. Il n'est pas question ici de lui reprocher ses dimensions ; l'espace le plus réduit peut être méritoire si l'on y sent combien la ville a exprimé d'elle et ce qu'elle a pris sur elle. Bourget revoyait, dans le coin le plus dur de l'Espagne, une petite ville sans place ni nom ; seuls, trois arbres maigres, tout à faits pleins d'illusion, faisaient un refuge fréquenté des troupeaux et de la pensée ; trois arbres ; mais tout comptait ; leur ombre et leur élan étaient avec eux comme d'autres pareils. Ici, rien d'une telle obsession ; au plus une concession ; aucune volonté de se créer un monde ; les promeneurs s'admirent encore dans ceux qui, par l'idée lumineusement municipale de mettre la voie au fond et des jardins aux flancs de remparts déclassés, ont ajouté aux quelques cent manières d'utiliser les restes, cette ingéniosité.

Bourget en reconnaissait la réussite. Cependant, du kiosque au Cirque. de l'un à l'autre anneau, le jardin se suspendait, légèrement incurvé, comme un hamac peu chargé de rêves.

Ainsi donc le calme, la pensée, l'instinct s'abritent dans la fumée des trains. C'est un symbole, aisément. Voilà bien la cité où les passés, verdures, harmonies n'ont plus trouvé de refuge que serrés aux flancs mêmes d'un rival peut-être généreux. Le jardin s'accroche à la voie ferrée, le rêve au rapide, eomme la première poésie aux glaives et gantelets. On peut aimer ce rapport, cette proportion, cet accolement. Dans les vieilles chansons aussi qui, à la manière de celle de Roland, sont de Gormont et d'Isembart, parfois une frêle épithète tendre bat contre les phrases bardées. Rien n'a cessé d'être de fer, ni la race du lieu de n'aimer, sous l'apparence quotidienne, que les brutalités. De nos jours autant que jamais, et malgré les grandiloquences officielles, la pensée, fût-ce la plus grave, n'est au fond que la jongleuse. La servitude féodale n'a qu'une autre forme. Pour le chevalier d'industrie, qu'est Bergson qu'un troubadour ? Saluons donc le poème, même s'il est médiocre, qui s'accroche au nouveau chevalier.

Mais tout cela est général et nous apprend peu du pays. Bourget réveillait son sens le plus aigu. A quoi bon ? Pas plus de drame ou de fantaisie que de doctrine. Nulle confidence locale. Sans aucun doute, le sol et le sang picards étaient riches ; mais ils jouaient bien les sots.

A mi-chemin seulement, pendant quelques brèves minutes, l'air eut de la turbulence ; mirage peut-être, mais le roman s'indiqua ; des silhouettes sortirent de l'esprit, gagnèrent l'allée. D'ailleurs, à l'ombre, trois tout jeunes enfants emplissaient leurs seaux de graviers. Et cela, c'est quelque chose ; la race et le style ne manquent à nul enfant sous l'arbre. Quatre personnages commençaient à vivre ; mais comment les établir dans les choses. Il fallait qu'ils ne fussent ni tout à fait en accord ni tout à fait en contraste, puisque le génie du pays (Bourget en prenait conscience) était de demi-teinte, de demi-refus, de trahison consentie, d'insignifiance volontaire.

Et tout cela, encore une fois, était riche, mais inutilisable. Bourget était porté avec fatigue d'un élan de création à la certitude qu'il fallait renoncer ; d'une joie, à la certitude qu'il était à la veille d'un échec. Déjà il suivait la dernière allée qui monte vers la place du Cirque. Le jour avançait, sans que sa chute promît d'être une occasion. Toutes choses étaient baignées des délicates lueurs de l'inutilité. Au bord, dans les arbustes, des touffes, des feuilles, plus exposées, étaient touchées par l'heure, sans qu'aucune parlât de la saison picarde. Dans l'air flottait quelque chose dont on ne pouvait dire si l'on en percevait de la clarté ou du bruissement. Il arrive comme cela que des ondes oscillent entre la lumière et le son, qu'une lumière se paralyse jusqu'à retrouver presque la région du bruit. Or précisément l'accident de la pensée, l'ingérence des choses, une grande incertitude des ondes à se précipiter vers la lumière ou le son rapprochaient le jardin de cette décomposition musicale.

Bourget essayait successivement à tout son effort. Mais ce qu'il voyait ne lui fournissait rien, non plus que ce qu'il pensait. Toute la partie romanesque de son œuvre refusait de naître. S'il pouvait du moins donner une figure à cet ennui ! On fait une belle œuvre parfois avec une déception. A défaut de données ou perçues on conçues, s'il reccurait à ce domaine déçu ? Mais il se trouva l'avoir en vain traversé. Quelle indigence ! Ah ! ce n'était pas même la solitude, mais sa sœur grise ! Il se sentait arrivé à l'une de ces journées découvertes où l'on a durement rencontré la raison d'être inquiet. Il avait avec lui sa puissante, lourde expérience d'homme de métier. Bien des idées étaient à la foulée sur le chemin de son effort. Aucune ne convenait Il était incapable de prendre un nom dans les certitudes ou dans les soucis pour appeler cette épreuve, plus incapable encore de lui trouver sa mesure. Il lui venait un tel goût de l'inquiétude qu'il ne se souvenait plus d'en pouvoir triompher. Il était pour la première fois reporté (pour la première fois vraiment, car la poésie même de ses débuts n'avait été qu'une névralgie jointe à la satisfaction de nommer) reporté, dis-je, à la toute jeunesse de la mélancolie, alors qu'elle parcourait ses voies, indépendante de l'homme.

Ainsi se promenait-il à travers des circonstances insuffisantes. Il se souvenait qu'il était reconnu comme un maître ; mais il se souvenait aussi que le poète dénonce l'heure du danger, quand le sommeil s'est emparé de l'aigle, sur le sceptre.

Il sortit par la petite grille de la place du

Cirque. Le soleil composait son coucher, avec un grand souci d'être brumeux sans être britannique. Et Bourget souhaita que le brouillard s'accentuât. Il souhaita le broullard comme le seul élément qui eût peut-être une continuité et des attaches de noblesse picarde, qui pût lui parler avec autorité de la race et du pays. La lumière en effet n'est pas d'une telle garantie ; la lumière se modifie avec les siècles ; il n'est pas vrai que le soleil garde une même façon de regarder la vallée. Son regard n'a plus une même prise ni ne porte encore avec même incidence. Aucun des mots qui en désignaient la couleur ou le passage ne convient plus exactement. Outre que lui-même diffère, nos yeux lui ont créé des façons de n'être plus d'accord avec lui-même. Nous avons appris l'art de faire douter de soi le ciel d'un pays. Le brouillard seul est vraiment contemporain du passé. Tout a changé, sauf lui. En effet, si des plantes et des bêtes ont disparu de nos climats, il serait peu sérieux de croire que celles qui y sont demeurées fleurissent encore ou hennissent de la même façon qu'il y a seulement huit siècles. Ni ce qu'on nomme gazon ne se ressemble ni je ne connais le même ciel couleur... Mais la minute avait été inutile.

Bourget réussirait-il aujourd'hui ? Aujourd'hui, il se soumettait à l'itinéraire de tout promeneur ou de tout habitant. La Cathédrale, qui se libère de loin, est en fait très serrée. Un monument de cet ordre, il faut qu'il soit impliqué dans un dédale d'impasses, de canaux, de maisons ridicules (il y a toujours nécessité d'un ridicule contemporain). C'est une erreur de vouloir la dégager. Si on le fait, c'est lui donner des airs pour l'étranger. Il faut se méfier du goût du coup d'œil et d'une fausse franchise de la vue. — Qu'est-ce que notre amour, s'il se libère des ruelles, des ruses, des étroitesses de notre vie ? Hélas ! La même sincérité qui élargit les voies alentour lui signifie de n'être plus qu'un vestige.

Bourget arrivait en cheminant. Il essayait de tirer quelque chose des impressions bien confuses qui s'amassaient en lui depuis son départ de Paris. Il ajustait une scène, précisait une figure, éprouvait une combinaison. Il faisait son effort de romancier, mécontent de rencontrer l'échec dans une œuvre de chétive apparence. Il faisait son travail de romancier, dis-je, d'ingénieur aux plaisirs, de penseur à la cantonade. A vrai dire, tout cela était fort peu religieux ; il le sentait ; et, arrivé à la cathédrale. aux dernières marches, il eut quelques scrupules à y pénétrer. N'y a-t-il pas un sacrilège à poursuivre là les pensées de la vie, à y faire son étude, à développer, sous la voûte, l'éventaire de son métier, à entrer, le cœur plein d'un souci profane ? Et qu'importe le cœur, qu'importe le souci ! que ce soit l'artiste plein d'un projet, ou le mauvais, porteur de son arme ; le penseur, pesant une alliance avec Dieu, ou don Juan, s'il cherche au vitrail la couleur de sa ruse ; toutes pensées non religieuses se valent. Bourget connaissait ce scrupule. Mais il entra. Il voyait aujourd'hui la chose autrement. Il trouvait en un sens plus de propreté à venir bravement, sous des pierres symboliquement assemblées, avec sa façon actuelle de penser et de se soucier, plus, dis-je, qu'à y jouer un moment une pensée archaïque.

Au fond, c'est bien en la comprenant ainsi que les travailleurs d'alors avaient élevé cette chose, et pour qu'elle fût seulement les choses de leur vie magnifiées..., « tout le reste est Littérature ». Il semble qu'en un certain sens le beau n'y soit pas distinct de l'utile ; ils ornaient le portail des plantes de leur pays. Ainsi poursuivaient-ils dans le temple encore ce qui leur tenait à cœur. En faisant manger mon esclave avec moi, il perd de son caractère de bassesse. Le calcul le plus égoïste peut être élevé ; les plus bas soucis sont susceptibles de composer une pensée religieuse. Mon Dieu, je viens faire avec vous le compte de ma journée. Je suis dans votre maison. Quand je m'y jouerais la comédie d'une pensée latine ou d'une pensée de renoncement, d'une action de grâces odorante ou d'une revue de vos mérites ! Vaut-il pas mieux que j'y confronte la pensée qui me poursuit, que le mystère humain monte de mon commerce et l'absolu mystère d'une fatigue de ma chair ? Je reviens à celui qui sculpta. La beauté la plus certaine est due aux habitudes vulgaires du ciseau. C'est à force de regarder, d'étudier, d'aimer, de ciseler des poireaux et des ventres qu'il a pu contribuer à un ornement pour Vous ; et c'est à force de m'ingénier dans mes petits profits, de subtiliser dans le calcul de mes inimitiés et de mes fautes utiles que j'ai pu apporter à Vos textes un esprit moins indigne et m'alléger dans l'extase. Je ne puis d'autre détail valable au devant de mon oraison. Je sais cette œuvre ; j'en décore au possible votre domaine en moi.

Bourget entra. Au fond, ce qu'il aimait dans l'église, c'était ce contrefort, cette énergie constructive de paradogmes. Il voyait dans le contact religieux une façon de régénérer toute pensée.

Pendant une heure, Bourget sollicita de toutes parts la Cathédrale. Elle refusa de lui rien apprendre sur le pays. Certes, la Somme, avec la double parenté de son nom, la Somme, et de sa rive semée de tours, ferait un excellent fleuve théologique. Il s'en faut de peu qu'elle n'y ait atteint. Elle s'est manquée ; à quelle date ? par quelle dérive minime ?

D'ailleurs la cathédrale d'Amiens représente une singulière destinée ; elle est vraiment l'unique monument du pays ; elle est reconnue par son peuple ; mais elle ne témoigne pas sur son peuple. Rien de commun entre elle et lui. Est-il son peuple ? Rien de commun entre elle et l'environ. Elle est tout ornée de renom, et renonce. Bien avant que l'on eût inventé (la plus belle invention, de beaucoup, des temps modernes !) le chef qui ne commande pas, elle avait été consacrée dans son règne inutile. Ou plutôt il est vrai qu'elle règne, mais elle fait figure de dynastie étrangère. Il est vrai que les gens d'ici la célèbrent et disputent contre ceux qui l'estiment moindre que celle de la Cité ou que celle de Reims ; ils n'admettent seulement pas de la comparer. Ils n'en sont pas moins hors de sa domination et de son caractère. Sans doute ils en sont jaloux, mais comme d'une prisonnière. La prisonnière ! Mon amie, je t'emprunte ce mot. C'est par lui que tu la saluas lorsque, après quinze années qu'elle t'avait paru familière, un jour une vie nouvelle de ton cœur l'éclaira. Le Picard retient d'elle, dans ses marais, l'esprit comme quelque utile et monstrueux captif. Elle est sa part. Elle est là. Il suffit. Des ondes partent d'elle incessamment et sont portées par la vallée. Qu'importe ! Les gens du pays ont le don de salamandre, le don terrible qui permet de traverser la beauté impunément. Ailleurs au contraire des liens étroits existent entre la Cathédrale et la race. Cette confidence des murs et des tours que Bourget recherchait avant tout, vingt Cathédrales moins belles la lui avaient donnée. Voici celle de Clermont-Ferrand, par exemple. Que ne lui avait-elle pas appris ? Elle est d'accord avec quelque chose dans la vie d'alentour, et le rapport est double : en même temps elle domine chacun, le régente, et elle est de la même pierre, de la même ligne. Ceux mêmes qui lui résistent ont avec elle des relations de résistance et une belle qualité d'inimitié. On lui sait des contemporaines. Bourget avait pu, avec vraisemblance, lui apparenter des pensées locales (elle n'en était que l'expression plus solide), imaginer des esprits qui fussent pareillement établis et distribués (elle n'était que leur sœur, gardienne d'eux). Tout autre est d'avoir affaire aux pierres qui disent ainsi l'essentiel ou à celles qui disent l'exception. Notre-Dame d'Amiens ne dit même pas, du pays qui l'entoure, l'exception.

Est-ce à dire qu'elle ne suscite plus que la curiosité des spécialistes ou la blessante admiration des caravanes ? Ce serait bien cela en effet si la terre Picarde, tout autant que certaines terres de l'Est (comme Barrès bondissait à ce jugement !) n'était une terre de rencontre, une « marche » ; si, avec moins de finesse et sans témoignage manifeste, avec la d'Orient toutes deux et figures de l'art d'exil, quelque détour que l'on y reconnaisse, leur enseignement se confond. En fait tout le poison moderne, moderniste, est dans la phrase de Ruskin, le poison des politiques de ralliement. Qui ne voit au prix de quelle dégradation faire de l'actuel avec ces splendeurs ? Par quelle compromission faire que la religion soit tolérée ? par quelle déchéance acclimater Notre-Dame ? par quelle concession obtenir que le fils règne ? Qui ne voit que les conditions sont dures ? que, pour recouvrer ou maintenir un décorum de règne sous un protectorat politique infamant, les conditions, oui, sont dures ? Il y faudrait admettre que Pyrrhus relevât les tours ; je veux dire, que le royaume de Dieu fût reconstruit, en dérision, par son ennemi ; que, par amour pour la beauté profane de la mère, le destructeur rétablît, à son profit et dans de justes limites, le domaine du fils. Ah ! c'est une grande pitié d'avoir encore le charme, et par exemple qu'il y ait un Génie du Christianisme, quand on n'a plus la force reconnue ; de devoir à sa seule valeur d'art ou aux utilités de son alliance, d'être toléré ou adopté. Ce qui est lamentable, c'est une captive belle. La religion est cela. Quelles compromissions pour agir encore ! Vaut-il pas mieux faire tenir toute la vie religieuse dans une certaine estime du passé, dans un tout à fait royal abandon ? Ceux qui à la fois croient, et croient que le règne est terminé, et n'en veulent pas une parodie, et repoussent tout contact de leur pensée, et redoutent plus que l'oppression la générosité calculée des politiques, ceux-là seuls n'ont-ils pas envers la religion une attitude de fidélité et de noblesse ? Ils se satisfont qu'elle n'entreprenne pas de reconquérir, s'il faut pour cela devoir quelque chose aux puissances indignes. Et lorsqu'ils viennent vers le fils, si on les sollicite pour je ne sais quel pacte, ils aiment répondre comme une princesse Andromaque :

J'allais, Seigneur, pleurer un moment avec lui...

N'enfermez nul problème dans ma démarche ! Que je ne vous entende ! Que rien ne se mêle au mouvement de sa tendresse et de la mienne rencontrées ! Rodin disait seulement que l'Eglise extérieure est une femme agenouillée.

Telle est la leçon de Notre-Dame d'Amiens, dans l'éclatante manière de son isolement, de sa disproportion, de son inadaptation. Ainsi Bourget ne pouvait pas tirer d'elle grand renseignement sur un pays dont elle s'abstrait, sur un peuple dont elle s'écarte. Il sentit l'inefficace de toute une éloquence, éloquence de la pierre, éloquence du bruit sur les hortillons du soir.

Et cependant comment admettre que la Cathédrale fût seule ici de sa pensée et de sa race ? Quoi ! pas un témoin de la même époque ou de la même nature ! Comment croire que rien de semblable à elle ne l'a accompagnée ? C'est l'étonnement de tout archéologue de passage à Amiens. Bourget, en y songeant, se rappela quelques mots entendus de l'un des hommes qui connaissent le mieux Amiens : Non, la cathédrale n'est pas perdue absolument dans son secret. Elle a, dans la ville, des sœurs très basses, d'ignorées semblables ; ce sont, dans quelques quartiers du centre, des caves. Ah ! le beau chapitre dans l'histoire des pierres ! L'admirable mystère que ces seules parentés extrêmes, ces volutes de la déchéance, ce style de l'humilité, ces deux gestes de la beauté vers ici ou vers là réléguée ! Des caves ! Sur ce sol de la Picardie incertaine, la pierre s'est résolue à parler, une fois pour la solitude, une fois pour l'oubli. Il est caractéristique d'un équilibre caché que la pensée la plus enfouie et la plus dégradée ait joué dans le même chantier que la reine. La reine ! je ne sais rien de plus touchant que cette rencontre, soit sur une rive d'exil, soit dans un temps d'exil, de deux femmes qui ont été autrefois dans les rapports de maîtresse et de servante ; celle au grand nom est seulement ou plus attaquée ou plus dangereusement regardée ; mais entre elles les voici qui reprennent les termes et les offices ; le témoignage dérisoire de l'ancienne dépendance leur est une patrie. Que j'en veux à Euripide d'avoir dans Hécube dessiné cette scène maigrement ! Noble ou serve, d'Ukraine, c'est la même façon du fichu. Un même geste de porteuse s'obstine en toute figure qui traversa la Bible :

> Agar revient de la fontaine,
> Séphora revient du torrent.

Et vous deux, ce sont, pour couvrir l'encens ou la vinasse, des arceaux comparables ; c'est autour de vous une même ligne de l'esprit.

Ni sur ses premières années ni sur la Picardie Bourget n'obtenait les éléments d'une enquête ; il n'obtenait nonplus les ressorts d'un drame. Exposé, des caves aux tours, à passer d'un extrême à l'autre, à prendre au pays soit des motifs exaltés soit de grossiers bafouillis, Bourget quitta le parvis. Il s'efforçait encore. Il se souvenait que Bossuet promet, et il lui semblait qu'il eût été naturel qu'il connût, mais précisément il avait manqué la vocation et la persévérance, ce qui prévient et ce qui couronne.

Quittant le parvis, il se retourna. Du portail, une flèche l'atteignait ; flèche de l'abandon et des insuffisances. Depuis des dizaines d'années, le Sagittaire la lui gardait (1).

(1) On sait qu'au temps de ses Poésies, Bourget signait parfois Claude Larcher on Claudius Sagittarius. C'est encore de ce Claude Larcher qu'il publie la « Physiologie ».

LA CROIX ROMPUE

L'après-midi se termine tout à fait; c'est l'heure où vont boire, aux brasseries, les lions peu superbes. Bourget va et vient dans la ville. Il l'a sollicitée sans succès dans sa fantaisie, puis dans sa pensée ; il ne souhaite plus d'elle que de la saisir dans son émotion. Mais c'est l'impossible ; nul espoir qu'il rencontre ici une belle question de sensibilité. Le ramasseur de mégots (du temps qu'il en existait) le disait : toutes les cigarettes y sont fumées jusqu'au bout. Ville où le calme règne aux terrasses comme aux intérieurs.

Bourget commence à suivre une des lignes du tramway qui mènent du centre hors de la ville. A mesure la vie diminue, la voie s'étire et parvient aux limites. Il suivait son idée et la rue. Il étudiait l'activité dans sa façon de se dégrader. Il savait que chaque ville établit différemment le rapport de sa banlieue à son centre ; l'une, sur une vitrine, quitte avec très resserré de la vie mystérieuse ; la pensée moderne fait effort pour s'en dégager ; elle a ouvert abondamment de calmes traversées et des perspectives. Mais comment y diriger les questions qui ont affaire au cœur confus ? Que de fois Bourget déjà avait souligné cette prétention et cet échec de la découverte ! Les vastes domaines, autour de nous, les claires formules des sciences, les certitudes se multiplient ; quelques pensées silencieuses y passent ; mais rien ne peut faire qu'à l'étroit croisement de notre lumière et de notre déchéance n'affluent chaque jour davantage nos désirs pressés, nos inquiétudes rapides.

Il était l'heure que Bourget gagnât son hôtel, près du square. Mais il le fit par des détours, imprudemment. C'était une soirée du pays, c'est-à-dire dès l'abord finie ; l'air avait quelque humidité ; l'impression confuse de la journée faisait un enveloppement. Bourget devenait de toutes parts perméable à sa pensée. Il longea le cercle amolli des Boulevards. Il y avait un éclairage admirablement distribué pour faciliter les accidents. On le connaît ; à droite et à gauche, de maigres lumières alternent, faussent la vue, créent sur la voie goudronnée des ombres et des reflets. Vraiment, si l'auto quitte au soir la ville, je m'impatiente jusqu'à ce qu'il ait atteint la campagne et la route ; là du moins une simple et vigoureuse obscurité me permet de reprendre confiance, d'accentuer l'allure, de me retrouver dans la modeste continuité du regard.

AVE PICARDIA

Dans sa chambre, le soir, Bourget travailla à organiser les impressions dont nous n'avons suivi que quelques-unes. Il y apporta tout son désir de sympathie et, en quelque sorte, l'élan d'une vie. Il voulait être net, juste, rigoureux ; il se prêtait en même temps à un certain travail de la somnolence qui est naturel dans le pays du berceau. Il voulait donner l' « Ave Picardia », le beau pendant à la fresque (1).

(1) La fresque qu'il avait, avant la guerre, admirée au musée d'Amiens. Elle est belle ; c'est là dire une chose fort insuffisante. Il y faut surtout saluer l'un des exemples les plus manifestes, peut-être le plus manifeste, du désaccord entre l'œuvre d'art et son sujet. Dans l' « Ave Picardia », quoiqu'en aient dit certains, il n'y a rien de Picard. Rien n'était plus éloigné d'une pensée Picarde ou du pays Picard que l'art de Puvis de Chavannes. Et c'est très bien, du moins quand l'homme a du génie. A quoi bon faire intervenir entre un pays et moi un art analogue à ce pays ? A quoi bon ? L'art n'est plus alors qu'un luxe insignifiant ; et j'aime mieux qu'on lève la vitre.

Malgré son effort, il ne réussit à rien. La Picardie est banale, mais difficile. Alors, plein d'humeur contre elle, Bourget projeta d'en faire une âpre satire, d'y situer un roman d'après guerre tout à fait dégoûtant, de changer de ton... Qui sait ? Quand on vient après si longtemps vers l'objet d'un retard incompréhensible, le seul abord qui soit fécond est peut-être en effet celui de l'hostilité. Il faut bannir les grâces et toute espèce de reconnaissance seconde. Il faut venir tout droit aux rapports amers ; il reste une chance qu'on les interprète comme les cendres d'un feu. Qui franchit l'amour sera récompensé par la légende qu'on en fera ; et sans doute est-ce la meilleure façon d'utiliser une négligence regrettée que de l'accentuer en dédain. — O mon âme, à cette heure tardive, je puis te croire ingrate, mais ingrate seulement comme les petites terres du terroir ; ah ! que n'es-tu..., mais n'es-tu pas le désert ? — Ainsi Bourget se trouva porté de l'hymne au pamphlet.

L'ennui est qu'il n'eut pas de prise davantage. De toute façon il était, non pas déçu (c'eût été un motif encore) mais dépourvu. Le pays Picard, pays de l'étude, l'attaquait dangereusement, par une insignifiance riche, par une façon complaisante de se dissiper. Oui, les premiers dresseurs de ses pierres et de ses mots ont fixé à ce pays de ne rien vouloir, de ne rien choisir, de ne rien aimer, de ne rien devenir ; mais le tout avec quelque passion... Ainsi entre nos deux cœurs, enfants du pays, cette tour qui n'est pas nommée et qui a son regard sur les passions. — Les gens y sont médiocres partisans, incapables de s'avouer ; ils n'aiment la force qu'excusée par la souplesse ou la fluidité ; inversement et plus encore, ils n'ont de goût pour la grâce que s'ils la tirent d'une matière épaisse ; plus ténu est le son, plus dure est-elle. Toute tendresse est sculptée.

La Somme ne s'est décidée sur rien ; tout le possible sourit ; les barrières ne se sont pas ouvertes sur le stade, tout rempli de l'absence fragile des chevaux. Depuis des siècles, la région reste suspendue à la minute qui précède le risque et le nom. Il est vrai que toute minute, si elle se fixe, dit Barrès, épanouit bientôt « ses puissances de pourriture ». Comment alors nommerons-nous, comment nommerons-nous donc le fin terreau en quoi dut se résoudre l'interminable mâturité de l'attente Picarde ?

Quand, quelques heures plus tôt, il regardait la place et les rues qui en partent, Bourget, nous nous en souvenons, l'avait senti : la Picardie ne dit rien nettement ; jamais elle ne s'avoue. Dans toutes les parties de la conversation que tiennent ses gens, son travail ou ses marais, elle pratique à sa manière, qui est subalterne, l'honnêteté du grand siècle. J'aime cette leçon : ne rien dire ouvertement ni par le vocabulaire propre du sujet. Et, dans le parler du paysan Picard, les grossièretés mêmes sont souvent une manière de décence, une couverture. Parce que je suis ingénieur, je ne me crois point autorisé à traiter directement devant vous de mes chaudières et de mes coefficients. Eh quoi ! parce que je travaille un difficile amour de vous, m'en croirai-je permises les formules ? Je trouverais inconvenant, à votre thé, de mener un entretien sur cette forme dont je doute qu'elle soit tellement Eolienne. Vous accommoderai-je mon cœur ? Plutôt encore la chaudière ou l'ἅπαξ ! Décidément, qu'il soit défendu de parler d'amour même par un autre vocabulaire que souhaiterait un peu de recul, et de l'amour assez pour qu'on la prenne par sa main très chère. Comme son pays, elle prépare une maturité dédaignée dans l'innombrable voisinage des passions. Bourget la voit qui suit, entre la maisonnette et la clôture, un sentier de ronde qui longe la voie ferrée ; parfois un désir la dépasse.

Ici est une province indispensable et grise, et qui a sa branche de toute grandeur, travaillée de poésie et épaisse, toute tachée de clartés. On sait la manière de Bourget et de son œuvre. « Travaillée de poésie et épaisse... tachée de clartés... province indispensable et grise... branche de toute grandeur... » Bourget pensait à toute son œuvre et se disait que peut-être ces termes lui convenaient aussi, que peut-être c'était en quoi la fée Picarde était intervenue à son berceau.

A l'occasion, notre province a le menhir, mais sans y prendre garde, avec un air de dire « quel besoin, dans notre champ, de ce mégalithe ? » Sa forêt entend rarement le cor ; cependant peu de forêts vont, par leur résonance, aussi loin que Crécy dans les siècles. A l'occasion, elle a du charme ; les bois déliés qui, au delà d'Abbeville, suivent à droite la route jusque Port, sont précurseurs d'élégie ; mais la faune des souvenirs insuffisants brâme. Le pays Picard, au cours des âges modernes, a suivi les diverses portées sans se fixer ; en presque toute chose, il a deviné ou commencé ; mais aussitôt, résignant ses valeurs, cette terre de gestes a gardé de la platitude. Et si ses artistes ont trouvé le moyen d'être éminents, soyez bien certains que c'est au Moyen-Age, c'est-à-dire pendant les siècles où l'œuvre est anonyme. Avant sa voisine couronnée, la Picardie a pris le départ vers les « mistères » flamboyants du verbe et de la pierre ; avant sa voisine sagace, vers la connaissance ; elle a la première essayé la pointe ou la massue ; que sais-je encore ! sans être dite de rien, ni d'un défaut même, la patrie nécessaire.

Un pays obtient parfois cette disgrâce humaine d'avoir en soi bien des motifs, bien des valeurs, mais qui se prêteront à d'autres et prendront ailleurs un nom. Il y a au huitième livre de l'Enéide un épisode dont on n'a pas dégagé l'émotion ; les soldats d'Evandre et d'Etrurie, prêts aux grandes mêlées des derniers livres du poème, attendent impatients. Mais l'oracle ne permet pas qu'un enfant d'Italie commande. Il faut que vienne Enée, l'homme d'ailleurs ; et le fils d'Evandre, le jeune Pallas, sera seulement près de lui. Ainsi parfois le dessein de Picardie a toutes les grandeurs et s'accomplit ; parfois son armée s'embarque, guidée par une figure charmante, mais qui n'est jamais, à la proue de la nouvelle nef, que la figure seconde. Elle conduit la force du pays comme un simple secours ; elle est à la gauche des chefs étrangers qui donneront à l'entreprise son nom et qui lisent les chemins des astres. Ainsi parle le moine au petit peuple, ou bien, à notre cœur, à gauche de Lamartine, l'enfant Millevoye.

Ah ! combien un esprit aux pareils contrastes ne peut-il pas adresser à la Picardie de décevantes litanies ! Province de la première aventure, et qui n'apparaît pas la province de l'aventure ; province des premières subtilités, et qui n'apparaît pas de la subtilité ; province de la première croisade, et qui n'apparaît pas la province du souffle ni du départ ; province du Saint-Valery de laquelle partit le Conquérant, et sans nul regain de conquête ; pays non moins souvent envahi, mais qui laisse à d'autres la figure admise du défilé ou de l'angoisse ; « ruelle » du premier Voiture, sans y prétendre ni s'en souvenir ; province du premier Calvin, sans être de nudité ; de la Ménippée, sans être du hideux sourire ; de la première « chute » chantée, sans être de l'élégie ! Certes, il y a une Muse Picarde ; mais une extrême confusion empêche de la définir. Est-elle sarcastique ou mystique ?

Quel vocable conviendrait ? La Picardie diffère toujours de la façon dont on la nomme. Elle est, si l'on veut, serrée, et, si l'on veut, dissoute ; cependant elle ne peut être dite ni à l'étroite prunelle ni à l'ample ceinture. Une rivière y coule, inattentive à sa grâce, à peine discernable. Les quelques noms insuffisants qui, dans l'histoire ou dans les vers, lui sont échus, font faute à son silence, sont herbes qui la retiennent dans son cours. Le plus souvent elle s'arrange pour passer dans l'intervalle qui la dispense de se choisir.

Est-elle seulement le pays du cidre ou de la bière ?

Voyez la côte aussi, et comme, parce qu'elle a toute chose, elle n'évoque rien : le long de la mer, la Picardie va de la falaise aux cailloux et des cailloux aux sables ; elle possède les trois sans arriver à se satisfaire ni prendre figure, sans qu'on la puisse dire ni la côte rocheuse ni la côte des dunes, manquant ainsi vers l'occident une chance d'être nommée. En quelque domaine qu'on se porte, on ne la trouve pas (1) ; mais on la devine qui y brûle ou qui y brûla du même feu couvert que la tourbe de ses tourbières.

La tourbe ! je crois qu'elle eût pu être une assez bonne expression du pays. La tourbe ! quelque chose qui est resté au moment ingrat de la décomposition, qui n'est pas le vestige des grandes époques révolues, qui n'a pas l'énergie concentrée, mais qui évoque une rare silhouette penchée ! Le pays de la tourbe ?

(1) A y réfléchir, la force de ce pays évidemment solide tient sans doute à cette défaillance continuelle, à ce « peu s'en faut » de toute époque et de tout domaine. Ainsi est-ce dans un léger désaccord avec le cycle, dans un jeu répété d'avances et de retards qu'est le secret des moteurs ; dans un manque à l'équilibre, la force et la vitesse ; et mon fils, selon le lexique de la jeune poésie automobile, m'instruira sans doute, dans peu d'années, d'une nouvelle série de métaphores, explicatives du cœur.

Oui, ce pourrait être cela. Or cela même, la Picardie l'a refusé. J'aimais le feu de tourbe et les sympathies couvertes. Quand j'étais enfant, on tirait encore de la tourbe assez abondamment dans la vallée de l'Hallue. Je me souviens de l'avoir vu travailler ; ou bien la provision d'hiver arrivait chez mes grands-parents avant la fin des vacances ; j'aidais à en décharger et à en transporter les mannettes ; et j'appréciais là une façon extraordinaire de me salir. Toutefois il me manquait l'entier plaisir ; je sentais combien il eût été naturel que tous ces tourbeux formassent un canton très à part dans les mœurs picardes, dans le parler picard, eussent des détours, une autre pente à leurs toits, des mariages exclusifs et un grand dédain ; je leur voulais au moins des grossièretés particulières. Mais, s'ils « rechinaient » avec les domestiques de la ferme voisine, un même pouce tenait sans autre façon un même lard sur un même pain. Moins de dix mots venaient de leur travail ; ils vivaient confusément et m'admettaient sans raison. Alors !... la tourbe non plus n'a donc pas signalé la région, n'y a pas créé, comme elle l'a fait ailleurs, un lieu-dit de France. La Somme n'a dénombrement de ses origines et de son détail ne vaut pas. Elle s'est à tout âge vêtue de la robe des prétextes.

Il lui manque de vous provoquer. Certes elle ne vous provoque pas. Elle ne saurait être le premier souvenir d'un sentiment ou d'une beauté. Elle est de ces lieux qu'on ne commence d'aimer que quand on les peut comparer à d'autres. On s'aperçoit que ce n'est pas mal, que c'est même très bien, seulement quand on peut dire « C'est comme... » Même si je la prends par son coin le plus familier, si j'écoute les bruits de sa plaine, qui sont aussi en moi, alors même je suis contraint à cet aveu : « Mon premier vrai regard sur toi, je te l'apporte des lacs ; mon second, d'une porte d'ivoire et de la musique musulmane d'un cœur. Toute justice que je te rends, tu la dois à une jeunesse étrangère de mon attention. Maintenant encore, je sais, à la sortie d'un village Picard, du côté le plus nu, une ligne de peupliers qui s'en va et s'arrête ; elle ne m'est pas indifférente ; un jour, me semble-t-il, je lui rapporterai de quelque part des nouvelles de son expression. » Il existe une disgrâce analogue des cœurs ; on vivait côte à côte ; dans le jeu des deux destinées simples, rien n'était sensible, pas même la tendresse ; et ce sera première trahison que le soin, le besoin ou la science de l'exprimer. Telle est la saison Picarde dans les cœurs ; il persiste une impression de dédoublement, une marque de maîtrise impuissante en celui qui vécut de ce régime et ne parvint à chaque notion qu'après avoir végété dans ses coïncidences.

Oui certes, la Picardie a toujours senti avec acuité les motifs aigus qui l'ont traversée ; mais, après qu'elle eut perçu d'eux une violence anonyme, ils la laissèrent. Elle est lieu de passage ou de jonction ; c'est selon comme on l'entend. Elle reste désignée pour cette entrevue que nous avons appelée du Camp du drap d'or, où des richesses qui ne sont pas d'elle, un regard qui n'est pas le sien se rencontrent et signent une entente insidieuse. La Cathédrale l'avait dit à Bourget. Mais quelques heures plus tôt, le château de Boves le lui avait dit déjà, car, cette façon de refuser un pittoresque, d'être si jaloux de son passé qu'on refuse de s'en parer, cette plaisanterie Picarde si peu variée, mais qui a le don d'échapper en même temps qu'elle se répète, qui est un humour bâtard, elles aussi ne sont-elles pas nées dans le Camp ? La Picardie pratique ces rencontres avec un imprévu assez pimenté ; de toute manière, elle reste un absurde pays, étant celui vers qui l'Espagne est venue du nord et au sud duquel habitent les Normands.

Elle confond tout si complètement que personne ne saurait la définir et qu'on ne peut pas dire par quoi on la reconnaît, quelque route qui vous y amène ; pays plus isolé qu'une île, entouré de tous côtés par la ressemblance.

Il n'existe aucune pensée qui n'aille un jour de pair avec la sienne, aucun pays qui ne soit elle, aucun parler avec qui le sien ne se rencontre un jour. J'en veux un exemple inattendu : le Grec. Rien n'est plus éloigné du Grec que le tour Picard, semble-t-il. Pourtant quelque trirème chargée d'images et de miel peut bien avoir jusque par ici dérivé et chaviré. J'ai souvent reconnu des parentés dont voici deux seulement ; le verbe grec qui signifie « courir un danger » signifie aussi « avoir des chances de.., être probable », et certains Picards vous diront « dangereux » pour « probable ». — En manière de superlatif et pour dire par exemple « il est très grand », les Picards ne disent-ils pas à l'occasion « il est bel et grand » ; « bel est bon » dit le Grec d'un seul mot fréquent. A eux parfois comme aux Grecs, la beauté apparut donc, non comme une idée distincte, mais comme le dernier degré de toute idée.

Cet extrême croisement a empêché toute servitude de la race : il n'y a pas et il n'y a pas eu de race Picarde. Voilà un accident difficile à déchiffrer, celui d'une terre qui n'a pas eu son peuple. Nous sommes sensibles au désaccord lyrique de la race d'Israël : une race qui a perdu sa terre. Et nous reconnaissons en l'Italie, en la Grèce, le désaccord classique où une terre a perdu sa race. Mais une terre qui soit encore en quête de sa race ! Défaillance inféconde devant laquelle nous sommes niais. Or c'est le cas Picard. Depuis l'âge des peuplades, les vents de la mer ont pesé pareillement sur les arbres ; des générations de bergers ont reconnu les voies du froid ; et la masure s'est peut-être orientée et comprise ; mais le génie du lieu n'a trouvé ni son signe ni sa voie. Voyez encore ; aujourd'hui les habitudes des provinces font des vestiges d'un pittoresque apprécié ; mais la Picardie a cessé bien avant l'heure de pratiquer les siennes, d'ailleurs médiocres ; aussi, dans la confusion actuelle, quand chaque province souffre de chaque différence abolie, la Picardie seule, parmi le deuil des bahuts, des bourrées, des bonnets, se regarde tranquille et se cherche un regret.

Assurément tout existe et tout continue ; la veste et le mot de cet ouvrier à la charrue supposent un terrible amalgame, une cuisine millénaire ; l'accent gicle de sa bouche, comme une goutte d'acide pour qui rien, depuis deux mille ans, ne s'est perdu de nulle chose. Mais allez saisir cette poussière, et cet accent même, en chaque lieu différent, et distribué, non par zônes, mais à l'épars.

Décidément, l'impression la plus nette qu'on ait de la Picardie est qu'elle est un pays stupide. Si l'on en reste là, on est injuste ; la vérité, c'est que la pensée n'y a rien à voir avec les habitants ; peu d'entre eux ont opté pour elle. C'est bien là le pays de France où la pensée est le moins localisée. Certes il y a en Picardie de l'intelligence ; seulement, elle n'est pas dans le cerveau des gens. Bourget y rêvait ; l'homme de pensée était attiré par ce vide.

Pascal a distingué comme incomparables et séparés par des distances dont l'une est « infinie » et l'autre « infiniment plus infinie » trois ordres : du charnel, du spirituel et de la charité. Il ne l'eût point fait, venant de Picardie. Mais les alentours de son Clermont ont à la fois du relief et de la soumission ; plus que toute autre, c'est une terre sur qui règne l'esprit, qui admet à son tour de s'abîmer devant le cœur. Ainsi tout reste logique jusque dans l'abandon et classé jusque dans l'infini. Pas plus que Dante, Pascal ne peut, même dans la passion, s'empêcher de dénombrer ; serviteur de Dieu, toujours occupé à faire dans la maison de grands rangements ; ou mieux cœur ingénieux, marqué du sceau du théorème, à qui le mysticisme n'apparaît que comme le dernier degré d'une hiérarchie simple. La pensée de Bourget ne s'équilibre pas autrement ; sa théorie des étapes procède de là ; de là encore, cette frontière qui, dans toute son œuvre, sépare les droits de l'analyse du règne supérieur de la Responsabilité.

Aussi Bourget (dans son wagon déjà) s'était

de Picardie. En revanche, quand la nature s'y enveloppe, elle le fait par les mêmes trahisons qui se condensaient autour des barques normandes.

Mais le brouillard resta dissous. Bourget traversa la place rapidement. Déjà il avait perdu une grande chance de son œuvre ; lui-même en percevait un indice certain (tous ceux qui ont senti un rapport entre la marche et la pensée, qui ont tiré d'un pas fortement accusé une activité d'esprit, me comprendront) : il sentait sa pensée différente de sa marche ; son pas scandait à faux. Un bien étroit passage joignait encore le pays à son projet ; et il avançait. Là-bas, sur Saint-Roch, c'était le côté des tièdes approches, le côté du couchant et de la mer. Dans le milieu de la brume rose, il vit passer un beau vol d'anxiétés mais à cette distance immobile où l'on ne peut dire si la mouette se rapproche ou s'éloigne.

Il était 5 heures. Bourget gagna, de rue en rue, la cathédrale. Il l'entendait qui parlait sourdement, sur la ville indigne, comme un grand maître triste.

Il l'avait souvent visitée au passage et pratiquée, sans qu'elle lui eût jamais rien appris. Elle faisait partie en lui des admirations indéfinies, c'est-à-dire qu'elle s'associait à d'autres pour témoigner d'un large mouvement et d'une époque, pour être l'illustration d'un chapitre d'histoire de l'art. Il avait à son propos les connaissances du domaine public. Mais sur lui-même, qui avait vu le jour dans la dépendance de cette Notre-Dame, et sur le pays Picard, voilà sur quoi elle ne lui avait rien appris encore; or voilà justement ce qu'il venait lui demander aujourd'hui.

Une fois elle le lui donnait..., elle le lui eût donné, s'il eût été d'un regard plus rapide, d'un cœur plus légèrement armé. C'était un peu après la guerre; il revenait en auto d'Albert à Amiens. L'auto? Comment ne pas regretter qu'aucun poète ingénieux n'ait encore, d'une façon satisfaisante, dégagé sa valeur d'esprit, comme des artistes ont fait sa ligne? C'est trop peu de déplorer à son propos ou de le laisser à la brutalité. Il est un merveilleux instrument à qui saurait se renouveler par lui. Déjà d'Annunzio s'est exclamé admirablement. Aller et contempler..., deux tentations peuvent être unies dangereusement.

Je ne sais quel feu plus actif permet de travailler un alliage nouveau de l'attention. Les vues peuvent réagir avec fécondité. Les rapports se multiplient, chaque impression s'insinuant dans un regard qui n'a pas fini de se dégager. C'est toute une façon nouvelle d'interpréter les aspects, par un réveil d'instincts et des accords rompus. Le paysage n'a pas le temps de se préparer ; on est sur lui, au delà de lui ; peut-être par là le prend-on davantage dans son secret ; peut-être dira-t-il autrement la parole qu'il avait trop préparée ou dira-t-il enfin la parole qu'il avait toujours interrompue. Dans quelle mesure, il est vrai, peut-on s'enrichir; dans quelle mesure doit-on plutôt se défier du bouleversement suggestif que crée l'auto dans les étapes du paysage ?

A quelques kilomètres d'Amiens, le bois de Querrieu se traverse par une montée lente, qui ne trahit rien ; et, quand on en sort, la ville paraît brusquement. D'un coup, le regard de Bourget avait serré toute la cathédrale inattendue. Qu'il eût alors noué le terme ou le rapport, et il la délivrait de son secret ! Elle était (elle l'est souvent) sur un fond souple et rose, refusant pour elle tous les mots de différence d'un détroit ici, d'un fleuve là-bas, soulignée parce que c'est ici la plaine et là-bas les Vosges, avec la brume au lieu de la forêt, et des effets qui interviennent, non seulement d'Est et d'Ouest, mais du Nord et du Sud, si la terre Picarde n'était une marche, une vraie terre de rencontre. Entre Guines et Ardres, en Picardie, est la plaine qui fut appelée le « Camp du drap d'or » et où eut lieu l'entrevue de François Ier et de Henri VIII. On sait l'extase des guerriers étrangers. La terre Picarde n'a guère cessé, au cours des siècles, de composer des scènes analogues, où des beautés de France ne sont diligemment, un peu sournoisement estimées que par l'Anglais. Pour Notre-Dame d'Amiens précisément va intervenir l'entrevue du Camp ; à un regard étranger, à un regard anglais va revenir le privilège de connaître ses gentillesses. Mais, comme le don Anglais est de combiner les idées les plus inattendues dans la même page ou la même déduction, quelle entrevue en même temps humoristique ! Et c'est la « Bible d'Amiens » de Ruskin. La Cathédrale, Ruskin l'a minutieusement décrite. Il l'a fort admirée. Il a seulement pris quelquefois, comme l'écuyer de Henri VIII, et tant tout est beau, la housse du cheval pour le manteau du chevalier. Il l'a expliquée selon force règles. Et c'est extraordinaire comme tout est loin d'elle, peut-être bien radicalement opposé à elle.

Un seul exemple : la vue Anglaise, quand bien même elle viendrait de Ruskin, ne peut manquer d'être d'abord pratique. Ruskin donne à Dieu et à la religion le riche conseil de vouloir bien s'adapter aux circonstances et de quitter cet air dépaysé, cette peu profitable, cette triste mine du regret. «... dans tout le sermon sur cette montagne d'Amiens, le Christ n'apparaît jamais comme le Crucifié, comme le Christ mort ni n'en éveille un instant la pensée ; mais comme... Ce que sa vie *est*, ce que ses commandements *sont*, et ce que son jugement *sera* sont les choses ici enseignées ; non ce qu'il fit un jour, ce qu'il souffrit un jour, mais ce qu'il fait à présent, ce qu'il nous ordonne de faire. Ceci est la pure, joyeuse, belle leçon du Christianisme... » (1). Tel est, *passim*, le ton de son commentaire ; une Notre-Dame au goût du jour, jetant tout le lest

(1) J. Ruskin. *La Bible d'Amiens*, p. 329.

nécessaire pour que sa doctrine se soutienne dans l'air moderne, pactisant avec l'époque pour qu'on lui laisse la vie. Somme toute, un goût d'arrangement, de confort intellectuel, de marchandage spirituel, qui, en dépit de beautés certaines, gâte ce livre, un livre de Ruskin pourtant. Les guerriers anglais, même les plus fins, qui regardaient les armures des compagnons de François Ier, les belles armures, c'était de leur « valeur » aussi qu'ils s'inquiétaient, se scandalisaient. Le même sens pratique est dans les phrases plus haut citées, et dans cent autres, qui balancent proprement un Dieu mort pour une participation dans les bénéfices du jour. Et telle est peut-être en effet la leçon que, par un certain excès de sa gentillesse, nous a prédisposés à recevoir la Vierge du portail de flanc ; mais telle n'est pas la vraie leçon. Qui n'entendrait en réponse l'éternelle institution à Céphise :

. . . .

Plutôt ce qu'ils ont fait que ce qu'ils ont été.

La madone gothique ne donne pas une autre leçon que la princesse troyenne. Andromaque vient de l'autre rive, comme la Vierge ; figures brusquerie le son, les étages et la clarté. Une autre s'apaise insensiblement et nul ne s'aperçoit qu'il passe de la rue à la route ; en aucun point rien n'a cessé. Une autre, morte dans ses voies centrales, a reporté toute sa vie dans ses faubourgs et son extérieur ; il faut sortir d'elle pour la trouver, aux moulins bleus et aux rivières ; danseuse au rire agile, rien n'est de reste pour son cœur. Il allait donc, cherchant ce que serait cette ville, quel cadre elle lui donnerait ; cadre, soit où faire éclater les ruptures, soit où faire l'impétueux amour se perdre dans l'amitié ; soit encore qu'un épisode fortuit lui convînt seul. Mais plutôt ayant compris qu'elle était une cité de rencontre et de passage, il imaginait de la faire vivre en cela, de lui prêter ce symbole, et qu'elle fût une traversée.

Cette traversée, il fallait d'abord qu'elle eût un sens, et le connaître. Aucun doute ; pendant longtemps le pays fut à cheval sur sa rivière. Les routes et les portes en témoignent ; la ville allait au Sud et au Nord. Mais aujourd'hui le chemin de fer est venu fortifier le sens de la rivière même. De plus en plus la ligne mène à la mer ; la Picardie se justifie par l'Angleterre. Bourget retrouvait là cette notion de l'« entrevue du Camp » à quoi la Cathédrale surtout l'avait amené déjà. Nulle part un nouvel axe de vie ne s'est imposé aussi sûrement ni aussi vite à une ville. Il est seulement à remarquer que cet axe n'a pas supplanté le premier sans réserve, que l'ancienne décision persiste, qu'il en résulte des complications et que la ville fait une croix bâtarde ; Nord-Sud ; Est-Ouest ; elle n'est plus et elle n'est pas. Sa croix n'est ni nette ni voulue. Il convient qu'un carrefour voisin s'appelle la « Croix rompue ».

Après une heure de promenade vaine, voici Bourget revenu à la place Périgord. La place ! n'est-ce pas le lieu par excellence pour trahir comment une ville conçoit son privilège et calcule son espoir ? on y voit qu'elle a peur ou qu'elle est ambitieuse. Mais quel esprit curieux d'un équilibre là encore rompu, de toute fausse promesse, posa obliquement, sur la ville Picarde, importante et parfois meurtrie, cette place d'étroit ovale inachevé ? Elle est pareille à la couronne des dieux de dérision. Des voies démesurément courtes partent d'elle, comme des épines rognées, ou des voies aussitôt tordues. Regardez ; aucune, large et franche, ne prend à partir d'elle pour conduire évidemment vers les Flandres ou vers la mer. Il faut qu'on ruse. Ainsi notre paysan ; les paroles, mesquines, étroites, encombrées d'étalages, donnent le change, quand il marchande, sur le vrai calcul où elles conduisent ; et ses sentiments, soit qu'il aime ou qu'il souffre, partent de même, dans une gêne jalouse, pour passer dans votre distraction. Le Picard a le don, d'où qu'il vienne, où qu'il aille, de convenir indirectement.

Bourget se lasse d'un pays si délibérément réfugié dans l'insignifiance. Pour quelques instants, il l'abandonne et songe.

Il est à un coin de la place ; il se repose à suivre le mouvement anonyme. A Paris, trop rapide, il échappe ; mais ici combien la ville prête avec précision son image et sa leçon à l'esprit ! La place, les artères centrales, s'encombrent, s'enfièvrent ; alentour ont été aménagés des boulevards, des voies plus amples, mais qui, comme un luxe d'espace et d'aisance, restent maigrement sillonnés autour d'un cœur dont le rythme s'accentue. Ainsi existe-t-il en plein de toute humanité, ce point de la pluie et du beau temps ! C'est cela ! Notre parole garde son simple appareil ; rien ne trahit notre cœur occupé qu'une façon nouvelle de convenir des choses.

Certains de nos jeunes écrivains de théâtre s'efforcent d'exprimer les durs moments de la passion par les silences ou par une simple façon d'éclairer et de disposer les répliques banales ; ce en quoi ils sont seulement plus classiques que Racine même. Notre province Picarde a cette manière ; elle aime la cadence de tout sentiment relatif ; elle se défie du cœur pittoresque, recule par instinct devant le miroir, ou si l'esprit s'éclaire, si la lisière s'annonce ; elle est rebelle à toute beauté trop directe, à tout ordre (de quelque part qu'il vienne) d'être émue. L'essentiel est de ne pas donner prise à la satisfaction ; le refus du mot n'est ni un scrupule ni un artifice, mais un goût de faveur irrésolue ; toute façon d'entreprendre en doit proscrire le mot. O mon cœur, je donnerai quelque jour, dicté par toi, le traité de science grise.

A toute époque, la Picardie a pratiqué ce même voisinage de la décision, ce refus d'être dite.

Il convient de reprendre ce que j'indiquais aux premières pages de ces notes : elle est le vestibule de tragédie, l'antichambre à qui rien n'échappe, mais où ne se passe aucun des actes superbes. A côté est la salle du couronnement ou de la déposition, la chambre de l'arrêt, la table et la musique des banquets. Au passage il arrive qu'une longue phrase de harpe s'empare de la pièce obscure et des confidents. A côté les choses ont le voile ou le collier. Elle entend raconter l'émeute de Paris, le sacre de Reims, la merveille et l'orgie ; à la fois la plus proche et la plus démunie. Seul un grand hymne de la pierre flamboie sur sa vallée grise, par une distraction des frontières de l'art ; mais, par ailleurs, elle est, en tout domaine, l'avant-dernière contrée : elle passée, le ciel s'ouvre. Cette extrême parenté, ce cousinage immédiat donnent à toute chose Picarde l'inadaptation, le faux accord que Bourget éprouvait dans les jardins, dans la rue, sur le parvis ; c'est là un dramatique méconnu.

Souvent un beau pays, une belle ville, et qui ont du caractère, ont des approches insignifiantes. Inversement, cette terre de banalité est entourée d'un cercle de beautés et de caractères. Normandie, Flandres, Ile-de-France ; des chemins de beauté mènent à elle ; parfois ils la protègent, arrêtant sur eux-mêmes les désirs. Mais plus souvent vingt beautés en cercle tendent vers elle comme des épées ; sa chair est nourrie de cet environ ; elle ne cesse pas d'être l'enfant en danger de beauté. La Picardie n'est pas la beauté ; elle est ce qui est directement étouffé par elle ; elle est ses faubourgs, le point d'où l'on peut le mieux l'atteindre, et, si l'on veut, attenter contre elle (atteindre ayant deux sens). Rien n'est plus délibérément sacrifié que ce qui est le plus proche du succès ; l'être qui est presque à terme pour vivre est plus éloigné de pouvoir vivre que l'être moins voisin de ce terme ; et le dernier lacet dans la montagne est également privé de ce qu'on voyait et de ce qu'on verra. Œuvre difficile, qui étudierait le régime de cette géographie picarde, si rigoureuse, réduite à la beauté cadette, et qui la refuse ; et d'étudier en même temps, dans une vie pareille, dans un cœur pareil, la zône ingrate et dépourvue qui avoisine les passions. Bourget y songe confusément ; il imagine une enfant des blés ; l'enfant approche de la beauté à un point tel qu'on lui pas pris cette occasion de coudre une bande noire au long de sa vallée.

Elle échappe aux hasards des destinées classées ; il arrive qu'aux pays des Muses ou des Déesses casquées, avec le temps, le vent tombe ou tourne, et qu'il faille changer les voiles. Mais elle, sûre de son insuffisance, n'a pas eu encore à toucher aux voiles. Quand les hordes descendaient entre les forêts et les marécages vers les villes de plaisir et de pensée, elle n'était ni dans ces hordes ni dans ces villes. Si on la suit au moment où Rome est décadente, où le Barbare fait ses classes, c'est frappant : elle est la seule qui jamais ne soit nettement ni conquérante ni conquise. Quand les désirs et les espoirs du Barbare furent contraints de parler le langage de Rome, ni cela ne fut vrai pour elle tout à fait ni le contraire. Elle pratiqua les obligations de la Barbarie comme ses obligeances, ni ne mena ni ne fut menée.

Elle échappe à la servitude aussi des destinées classées ; quelle fatigue pour une province de porter son caractère comme une spécialité ! Mais elle, à prononcer son nom, je n'éveille obligatoirement le souvenir d'aucune qualité, d'aucune manière, d'aucun style. D'autres pays, s'étant fait une fois applaudir, ne peuvent plus différer de ce qu'on a reconnu d'eux. La Picardie n'est pas sa propre prisonnière ; elle n'a pas à se faire ressemblante. Pour peu qu'elle se fût appliquée, elle eût été, elle le sait bien, la ville aux trois Sourires, dans la pierre, l'air ou les noms. Elle a presque excellé en tout. Aucune partie d'elle ne s'est fixée cependant sous un grand nom, dans la vie ou dans l'art. Il y a ainsi toute une question des beautés qui n'ont pas été recueillies. Constamment occupées à s'évanouir ou à se refuser, elles demeurent indéfiniment, mais indépendantes de l'expression. Ah ! combien elles ont de la destinée une expérience plus riche que les beautés en tutelle ! Comme elles savent composer ce rare pays, qui n'a pas le désir de s'exprimer autrement qu'en soi, et qui n'admet pas qu'on témoigne pour lui.

La Picardie semble étrangère à son propre détail. Elle me fait songer à quelques phrases d'une lettre que je ne sais qui, par un jour clairvoyant de 1912, écrivait à son amie. Révisant les raisons d'un amour, elle se terminait ainsi, assez sincèrement : «.... elles apparaissent aimables et aimées ; et, pour l'une, ce sont les yeux ; pour l'autre, les mains ; la voix ; on se souvient d'une démarche ; ou bien c'est une grâce de l'esprit, ou tel défaut triomphant. Il semble que ce trait seul demeure, seul sensible, seul à recevoir le tribut. Ainsi procède l'appel, et l'on chante un charme. Pour vous, ce n'est point ; en vérité de vous je ne me rappelle rien qui ressemble à ce que j'en dirais. Mais plutôt, reprenant la série, je la descendrais volontiers, défaut prochain, grâce d'esprit, démarche ; voix ; mains ; regards ; la descendrais comme une pente d'inutiles ardeurs ; ou peut-être c'est un chœur qui ne se dissocie. En sorte que vous triomphez de toute autre, mon amie ; ce serait bien peu de chose ! Je me flatte, vous le voyez, que vous triomphiez encore de toute grâce vôtre ». Et plus loin : « Rien ne m'aveugle sur le reste ; c'est comme une grande clarté sur tout. » Ainsi dirons-nous du pays Picard ; rien en lui ne parle plus haut que le reste ; peut-être est-il excessif, il est vrai, de dire que c'est une clarté sur tout ; aucun de ses aspects ne participe à son secret ; la région sait si parfaitement se détacher de ce qui la constitue que le inquiété. La terre Picarde a de singulières franchises et de singulières réticences, et Bourget entrait dans son secret comme dans un secret de scandale. Certes Pascal a dit : « Tous les corps... ne valent pas le moindre des esprits, car... » Mais encore faut-il définir ; et qu'appeler « esprit » ? Toute la question est là ; où est l'esprit ? qui est l'esprit ? Sera-ce pas cette terre plutôt, sera-ce pas cette terre précisément, dans l'humilité de son détail ? et la source et l'arbre, à qui (faute qu'ils aient le loisir humain de commercer ou de politiquer) il reste justement d'être à la fois les gardiens d'une âme et son expression ? Sera-ce pas la mer voisine, quand elle resserre le jeu des tempêtes en quelques heures et en son canal, avec la rigueur des unités ? ou le sillon qui ne déroge ? ou même certaine chair ingénieuse et multiple ? ou ces futaies qui ne peuvent rien, mais donc ni non plus refuser la spirituelle rencontre de leur développement ? sera-ce pas tout cela que nous dirons « esprit », plutôt que cette ruineuse lueur, communément nommée « esprit », et qui, au contraire de la définition, ni ne pense tout cela, ni ne se pense ? Quant au règne de la « charité », on sait comme il se porte ; mesquin ; il y a des chairs supérieures à des souffles ; peu de mouvements de charité actuelle valent ce bras immobile ; combien de nos vertus tiendraient dans une juste aiguière ! Si bien que l'agencement de Pascal ne s'équilibre pas ; les trois étages, et que nul escalier ne reliait, s'effondrent ; à moins d'arbitraire, on ne peut d'abord décider à quel ordre appartiennent une pierre, une idée, un élan ; la ligne de partage est sinueuse.

L'esprit ni la charité ne sont plus une réserve humaine. On dira que c'est général. Sans doute ; mais une province comme celle-ci, qui est la confusion même, rend le fait plus sensible. La pensée n'est pas dans ces quelques centaines d'hommes parqués et qui bruissent, mais dans cette petite société de noisetiers.

Ce n'est là ni une image ni un à peu près. Les poètes, il est vrai, ont prêté à la nature une âme. Derrière tout horizon, un œil volontaire discerne facilement des symptômes de mythes. Il n'est plus que collines inspirées, paysages trop humains. Mais ce n'est pas du tout ce que nous voulons dire. Nous ne parlons pas de cette évidente, de cette contagieuse humanité dont tout pays, plus ou moins, finit bien par se vêtir, travaillé par la phrase ou par le regard des illustres. Ce sont là des paysages qui se sont conformés et bénéficient d'une largesse personnelle de l'esprit. Ainsi, en Picardie, certains cantons disciples de César. Mais, nous le répétons, ce n'est pas ce que nous voulons dire. Ce que nous entendons ici, et à la lettre, c'est que la pensée, lasse des cerveaux désaffectés, marque sa préférence pour un autre domicile.

Il existe un mouvement, dont la loi n'est pas dite encore. Voyez la marche de toute civilisation ; elle est venue d'Orient en Athènes, d'Athènes en Rome, de Rome en nous, d'Europe en Amérique ; elle poursuit sa marche et le Japon est repris par elle, cependant qu'à mesure les noms précités retombent. L'empire de la pensée appartient successivement à des peuples divers ; une oscillation le porte d'Est en Ouest par les étapes classiques ; continuant, elle le reporte en Est, forcément. Ce mouvement, qui est reconnu, il serait absurde de le limiter au domaine humain ; une oscillation analogue, mais mille fois plus ample et ralentie, a fait passer la fulgurante « moisissure » de la pensée, des choses à l'homme ; en se poursuivant, elle doit la ramener aux choses. L'esprit, qui à l'origine était aux choses, et qui s'est transmis à l'homme, commence déjà de se reporter aux choses ; nos générations sont voisines du point où s'ébranle le retour. C'est cette vérité qui est ingénieusement figurée dans l'Ecriture : dans le jardin, l'homme avait à laisser à l'arbre un fruit ; et par là, il laissait à l'arbre la science, c'est-à-dire à l'herbe aussi, à la pierre, à la fontaine, à l'astre, le soin de connaître et de s'inquiéter. Mais un geste a donné l'ébranlement qui mettait en route le cycle. Ce geste fait, rien ne pouvait empêcher que, pendant des siècles de siècles, la connaissance s'écoulât de la nature en l'homme, avec son cortège. Mais qui pourrait nier que, en suite et en retour, la connaissance dût se reporter de l'homme en l'arbre, non toutefois sans laisser en dépôt sur l'homme la seule écume de sa misère. Un vestige de cette émigration de l'esprit est dans la faune et la flore des métaphores Homériques, qui marquent un pas antérieur au nôtre. Pour moi, je l'avoue, il m'est arrivé d'entrer à l'improviste dans le coin le plus humain de ma pensée et d'y trouver les préparatifs achevés d'un grand départ.

Répétons donc qu'il y a une alternance des époques, que les premiers paysages comportaient en eux toute connaissance et toute conscience de soi ; ce sont là fruits que l'homme cueillit ; mais maintenant cette part intellectuelle commence de faire retour aux choses par une reprise exacte, dont les lois inconnues sont sans doute d'une dynamique très simple. C'est un échange ; l'homme n'a-t-il pas déjà fait passer de son côté les qualités de la matière, la vitesse, l'explosion... ? Convenons que la matière reprend les qualités de l'esprit et du cœur ; n'est-il pas sensible quelquefois que la nature se repose des tumultes de sa pensée en regardant les mouvements élémentaires de l'homme ? De plus en plus l'homme, dans sa vie intérieure ou sociale, est régi par la simple loi des tourbillons ; de plus en plus, par contre, on approche de croire qu'une pensée habite l'univers, parfois nous frôle. Parvenus ainsi à la reprise du cycle, peut-être les corps peuvent-ils déjà cela même que l'esprit ne peut.

O l'intéressant pays Picard, puisque là encore il offre l'intérêt d'un grossissement utile ! Parce qu'il n'a pas rencontré sa race, il s'est lassé des hommes plus vite qu'un autre ; il a pris une avance nette dans ce retour. Terres d'humilité ; plaines où rien d'autre ne fleurit que l'idée de la fertilité ; paysages véritables qui sont des paysages de « nulle part » ; campagne où le voyageur s'ennuie de ne rencontrer, par un anachronisme inverse, que des étendues morales ; pays dont l'habitant ne pratique plus la pensée, mais où certaines chairs exemptes de race ont des délicatesses d'abstraction ; villages où s'obtient, sans fait exprès ni littérature, la fusion des éléments et du cœur.

Elle et Lui avaient eu dans la journée une scène ridicule et violente ; mais tes larmes s'étaient réservées et accrues pour la nuit, petite. La nuit venait ; et, dans ta chambre de Mars d'où l'on entend la rivière, tu pleurais contre le lit. Lui, déjà, s'abandonnait, détendu, tout envahi du charme de cette peine et de remords fluides, indécis s'il s'endormait au cours de l'eau ou des larmes, près de la rivière ou de ton chagrin.

Bourget s'attaque à l'œuvre. Il a ces impressions. Il les estime. Elles ajoutent à son désir, à son animation, à l'effervescence soulevée par la Question de la Onzième heure. Elles le séduisent, mais ne lui permettent pas de les articuler. Chacune lui donne une indication, avec défense d'en user.

Le voici, dirait-on, à l'instant où, poursuivant, harcelant, ravissant, prêt à entasser dans l'œuvre qui craque le décor et l'âme, il devine que le pays s'est retourné et le frappe. L'œuvre reflue.

Bourget, malgré la garde rigoureuse de sa méthode, avait déjà connu de semblables aventures ; jamais toutefois par une telle insolence du sujet, un tel refus à l'auteur. D'ailleurs il y a des pays où le ciel et les yeux ont les armes qui étonnent ; mais vraiment, un simple jour d'après-guerre, dans ces lieux plats, et quand il venait par simple scrupule s'assurer d'une donnée banale, qui l'eût pensé ?

Bourget s'obstinait, se reprenait. Les bruits de la rue avaient cessé ; la chambre était facile. Une solution très simple, une clarté, une admirable délivrance de l'esprit étaient proches de lui, Bourget en avait l'impression bien nette. Et sans doute s'acharnait-il à faux. Il lui suffisait d'attendre et de reprendre sous peu, par une voie un peu différente, l'œuvre qui résistait aujourd'hui. Mais il revenait sur l'obstacle avec une qualité un peu furieuse qu'il ne s'était jamais connue. Parfois la guêpe inquiète donne contre la vitre avec frénésie ; à deux mètres de là, la porte est grande ouverte sur le jardin ; ça ne fait rien ; c'est par la vitre qu'elle cherche. Bourget avait souvent dénoncé ces faux acharnements de la connaissance, quand l'aveugle désir se heurte à l'obstacle inutile, et, par une voie proche et ouverte, le ciel est entré cependant. Mais ce soir Bourget ne pouvait rien contre soi, si la pensée d'orage s'obstinait à la vitre.

D'ailleurs on ne dit pas qu'il n'espérait,

... mais ses espoirs passaient en panique la crainte.

Bourget essaya d'une lecture. Il avait apporté une chronique des lieux, qui traitait des Seigneurs et des coutumes. C'était son habitude, quand il voyageait ainsi, de soutenir sa vue des lieux d'un vieux texte s'y rapportant. Mais là non plus rien ne servit son dessein.

Il n'espéra plus que l'œuvre de la nuit. Il mit son sommeil, comme le dernier serviteur fidèle, aux écoutes du songe.

Déjà il était au lendemain. Les premières heures, couleur d'olive, lui apportaient cette impression de succès triste, de distance, que connaissent ceux-là seuls dont la pensée est en aventure. Le jour entrait dans la chambre, n'éclairant aucun intérêt des choses, ne se heurtant à elles non plus ; et Bourget se trouva devant la véritable lumière du matin comme devant une idée sans rapports.

Il décida de regagner Paris sans plus tarder ; non qu'il renonçât à un sujet dont nous avons vu l'attaque si impérieuse, mais pour ruser, par exemple pour se provoquer par des lectures et des conversations et trouver ailleurs un nœud d'intérêts qu'il reviendrait serrer ou dénouer à Amiens. Jusqu'à l'heure de son train, il flânerait ; il lui restait plus de deux heures. Certains toits, on ne sait pas bien par quel reflet, donnaient une illusion de soleil ; et il sortit.

Il y a parfois beaucoup à attendre d'une dernière démarche qu'on fait, en dehors de son projet et avec négligence.

Il suivit quelques rues, qui lui parurent presque familières, maintenant qu'il ne les interrogeait plus ; et il s'arrêta par hasard devant le Lycée. Il était un peu plus de 9 heures.

La porte était, à cette heure, officiellement fermée ; il entra donc aisément.

Or il n'entrait jamais sans émotion dans une maison d'enseignement qui a un peu d'âge. Bourget est resté fort universitaire. Mais, comme il est exempt des tâches du métier, il n'en pratique, diraient certains, que la mystique. Des pierres et des méthodes ont vieilli, traversées par des jeunesses successives. Tout le tourment et tout l'agrément de la vie, les pires brutalités de l'histoire, les vers les plus chauds d'amour viennent avec le temps se fondre dans la figure commune et nécessaire de l'étude. Que de tels drames aient ce calme ! Que ces étreintes aient cette vertu ! Ici retourneront toutes choses pour y être élémentaires et pareilles. Une strophe, un mythe, un acide, une équation ne sont plus ici rien de tout cela. Il est procédé à une espèce de réduction qui donne des mérites, et, enlevant aux réalités leur goût et leur feu, obtient qu'elles soient un régime. In pulverem... C'est un beau mystère. Ceux qui sont occupés à ses besognes n'en ont pas l'idée. Bourget l'a toujours senti.

Peu de points de son œuvre restaient aussi actuels en lui que certaines pages qui sont dans le début du *Démon de Midi*. Il avait là, pendant quelques minutes, fait vivre le père et le fils dans une promenade de rappels étudiés. Le long des ruelles de Clermont, et surtout à travers les pierres du lycée de Clermont, ils sç cherchent et s'étudient ; un émoi enveloppe leurs souvenirs et leurs souhaits d'âme. Ils se reconnaissent dans une même architecture et diffèrent. Celui qui parle écoute doublement. La vieille maison tremble de se trahir. Des mêmes armes, le père et le fils se soutiennent et se blessent. Rien, plus que le désir de l'accord, n'est loin de l'apaisement. Bourget restait satisfait de cet épisode. C'était ainsi en effet et c'était là-bas que sa jeunesse avait commencé à se prendre de bruit avec la vie.

Mais le problème d'influence que nous l'avons vu se proposer au début de ce récit le sollicitait plus précisément à Amiens. Son père y enseignait quand il était né, quand il avait un an, deux ans. Pourquoi n'avoir pas, hier déjà, cherché, dans les couloirs de cette maison, un début favorable de son enquête ? Il est vrai qu'il y a peu de différences dans la destinée des pierres d'enseignement. Il est vrai aussi qu'il lui eût médiocrement servi de connaître l'histoire de celles-ci, parce qu'elles portent moins une volonté locale que l'empreinte de volontés successivement officielles. Ainsi ce ne serait jamais que le dialogue des décrets, ou plutôt risquait-il de répéter, avec plus d'artifice, la scène qu'il avait mieux faite ailleurs. De plus il était alors trop petit pour avoir subi le contact et pour devoir quelque chose à un collège où son père seul avait pénétré. Tout au plus peut-on dire que, quand la porte de la maison s'ouvrait et que le père rentrait, une influence indirecte menaçait l'enfant au même titre que les épidémies du jeune âge.

Mais n'est-ce pas là précisément la question ? Qui sait si les murs et la vie de ce collège dont il ne fut pas l'élève, mais où son père allait et d'où il revenait, duquel vivait la famille et pour lequel, dont l'ombre s'étendait, dont l'air parvenait, dont les dates fixaient (et c'était quand les premiers mois de l'enfant prenaient leur rythme), qui sait s'ils ne comptent pas davantage que les murs et la vie du collège qu'il fréquenta ? Qui sait si le condisciple, le philosophe, le romancier qui ont le plus agi sur Bourget ne pèsent pas moins en réalité qu'une première odeur de craie, une certaine abstraction du geste paternel, une légende des détails, un propos de rien gardé ? La pensée de mes maîtres préférés a eu bien peu d'influence, n'a peut-être eu aucune influence sur ma pensée. En revanche, dans la petite chambre où je couchais vers les six ans, les rideaux disposés à la mode tombante, me préparaient la lumière. Ainsi me reste-t-elle préparée. Plus tard, parce que l'aile de la maison était sensible aux bourrasques fréquentes, que de textes lus tardivement ont travaillé en moi dans les mêmes heures de la nuit où le vent accentuait mon sommeil ! Je sais aussi ce que les cris du marché, les cris de la rue, plus vieux que la province, commirent tout un hiver sur mon premier Pascal. Tout cela, c'est le commentaire de ma pensée, ou plutôt c'est elle, et non autre chose. La belle affaire d'étudier, comme on fait, les sources, de passer des théories du maître à celles du disciple ! C'est moins que le travail de l'Iroquois qui suit les traces. Il est vraiment ridicule de chercher à toute force de la pensée dans la première nourriture décisive de la pensée. Mais comment le croissant du Jeudi matin est-il devenu aptitude au théorème ? Comment la place mesurée entre les assiettes de la mère et les copies du père, une autre gêne ? C'est une théorie de l'influence à refaire. In pulverem. Bourget, qui avait souvent dénoncé trop de rigueur et d'animalité dans la théorie de Taine, voici qu'il craignait de la sentir au contraire idéologique encore, trop peu asservie aux lois de nature. Plus que nul ne l'a fait, il faut étudier, non des règles extérieures de formation, mais un régime de nutrition.

Alors on verra que, sauf par une perversion, les idées ne se nourrissent pas d'idées.

Au centre de la première cour règne Lhomond, en statue et en robe.

Cela peut irriter. J'aime ce rappel à l'ordre. Au centre de tout, règne, si ce n'est pas le chiffre, le mot. Ce qui n'est pas de l'un est de l'autre. L'idée n'est qu'une aventure qu'ils se jouent.

Bourget fut pris par cette modestie des choses. Peut-être la grande leçon de ce retour à la première enfance approchait-elle, la leçon aussi de l'ironie Picarde.

Une phrase des siennes revenait à sa mémoire. Il se la répétait, essayant de la situer dans ses écrits. Il n'y parvint pas d'abord exactement. Il la reconnut enfin pour une phrase de ses premiers *Essais*. Dans l'article sur Leconte de l'Isle, afin de mieux connaître le terreau scientifique de cette poésie, il évoquait le savant de notre époque et il disait le secret de l'exégète qui étudie des nuances de vocabulaire et de syntaxe, « ramenant à des questions de grammaire ce qui fut le drame ineffable de l'humanité mystique ». Bourget convenait d'avoir exprimé là plus qu'il n'avait cru. L'unique existence au monde du mot et de son agencement le frappait avec brutalité. Dans tout domaine, à quoi prétendre d'autre ? Qu'était-il lui-même que grammairien, fourbisseur de règles, procureur de rapports et d'accords, confesseur de modes et de cas ?

Aussi bien le seul geste permis est-il cette jonglerie. Qui n'a refait à sa façon le « Tombeur Notre-Dame » ? Celui-là était pauvre en toute chose, hormis en jongleries, et le désir était en lui que Notre-Dame l'acceptât. Il y parvint. Nous aussi, devant les choses et l'inaccessible, avons les seuls recours de la foi et des mots. Quoi d'autre ? Les idées et les systèmes se succèdent sans participer à la vérité autant que font l'image ou le rythme. Une certaine sensation de la vérité sort du simple jeu des mots, comme les seuls aperçus possibles de l'amour, de l'ajustement d'une caresse. Qui ne reconnaît pas le travail des mots pour le seul travail, périra. Il est vrai qu'on en médit, qu'on lui reproche d'être vain ; mais comme toujours, l'illusion ne vient que d'avoir mal choisi la métaphore originelle. Il faut, dit-on, (et l'on croit avoir tout dit), séparer le grain des idées de la paille des mots. La belle affaire ! Je puis vous dire, moi, tout aussi sérieusement : pour faire un canon, je prends un trou et mets du bronze autour. Ici, il me semble bien que c'est ce qui enveloppe qui, seul, crée ; et l'idée, ce n'est que le trou.

Je n'ai trouvé, entre nos cœurs, qu'un aimable accord d'adjectifs. On n'a rien appris sur l'hérédité qui ne soit dans les anciennes règles de la dérivation. Le climat de la Grèce est le climat d'une phrase ; les petits mots invariables y créent une lumière excessive, dards multipliés. Et Dieu s'amuse bien qu'on le cherche ailleurs que dans le bruit de son hymne. — Il me souvient qu'un émoi nous saisit, André et moi ; nous étions à la frontière Flamande ; notre cœur était élémentaire ; une enfant du pays parlait près de notre wagon ; et nous comprîmes ensemble comme on allait loin dans le tendre chemin, à suivre seulement, dans une syntaxe, la fréquence d'une attraction illogique.

Suivez l'accent même, qui est un symptôme, la virgule aussi. Je chante la phrase décemment ou librement ponctuée ; car la phrase s'allonge, du sujet à la cheville ; mais la virgule maintient l'intention, fait tenir la réserve, agrafe le pli ; ainsi tu étais nue, malgré ton voile abondant, faute de l'épingle.

Laissez donc régner Lhomond sans vous irriter. L'avant-dernier printemps, j'ai amené devant lui une dame grecque, et, quelques jours aprés, une bohémienne ; ni l'une ni l'autre ne le considérèrent avec hostilité. Leur regard, de génisse ou de chèvre, eut sa jolie façon.

Bourget tourna quelque temps dans les couloirs qui bordent les cours et dans les couloirs du premier étage. Sur l'un donnaient trois salles d'étude. « Etude » sur trois planchettes. Etait-ce déjà la leçon des mots ou plutôt l'insuccès de son voyage, la rencontre de l'âge et de l'injonction, ou le lieu ? Etude.., une sonorité se propagea de part et d'autre du mot. Son impression fut soumise à la chute du mot. Servitude, lassitude, solitude, inquiétude... Un tourment de rime et de correspondance mauvaise lui fut renouvelé du temps où il était poète. Il ne put rien contre la litanie déprimante ; il se souvint de ses regrets. Déjà, dans son voyage de la veille, sa pensée, on s'en souvient, s'était orientée de la même façon, quand il était passé en gare de Saint-Just. Or cette façon lui était bien étrangère. Que présageait cette faiblesse deux fois subie ?

La vérité, c'est que Bourget avait en lui dangereusement diminué la part du chant, et que son œuvre fraudait le rythme. Ce qui approchait, c'était une vengeance de l'art même. L'archer divin, à l'abri d'une circonstance médiocre, allait frapper Claude Larcher, sagittaire transfuge. Celui qui travaille de l'épée, qu'il prenne garde à la minute, si elle est tardive, où il est séduit par les bruits d'acier. De même, ceux qui se sont servi du mot et n'ont pas servi le mot sont dépourvus à l'heure du cantique noir. Bourget avait été poète, mais le temps d'un stage ; il avait connu trop vite le désaveu de l'âme à l'écoute de sa chanson. Pour la première fois depuis plus de quarante ans, voici qu'il restait, dans ce coin quelconque d'un Lycée, musicalement dominé. D'ordinaire il n'offrait qu'une sensibilité malhabile à la touche des sons. Le plus aigu des couchants, un cloître sonore tiraient de lui plutôt un commentaire qu'un écho. Le don de répercussion lui advenait enfin, mais indésirable.

Oui, avant toute chose, il avait souhaité la pensée; il avait eu le culte de la pensée; depuis quelques minutes, peut-être depuis quelques heures, la pensée lui semblait se retirer de son œuvre, comme elle se retire de toute œuvre, partie vaine et la plus fragile. Restaient les phrases et, pour parler juste, les membres. Son œuvre se dépouillait, et, en même temps, elle s'appesantissait. Ainsi l'on monte son amie avec facilité vers la mansarde; mais combien elle pèse sur les bras, si elle s'allège ou de la vie ou de l'amour.

Jamais autant qu'à ce moment, dans ce couloir qui est brun d'un côté, un peu verdi de l'autre par des reflets, Bourget n'avait eu l'impression tragique de porter son œuvre entière ; les mots en sonnaient, comme des os.

Bourget s'arrêta, un peu plus loin. Des voix nettes sortaient de la dernière salle qui, elle, était une salle de classe. Un étroit carreau de surveillance fort brouillé permettait d'entrevoir au moins des ombres ; mais on entendait parfaitement, parce que le chauffeur, qui venait de sortir, avait mal refermé la porte. C'était une classe de Français, en Rhétorique.

Arrivé à ce point de notre récit, une digression semble nécessaire ; quelques traits, quelques manies du professeur de cette classe permettront en effet, si on les connaît, de se prêter davantage au final.

D'abord il ne croyait pas que l'enseignement fût fait pour les élèves. On a beau voir là une évidence ; il ne le croyait pas. « Rendre accessible », « se mettre à la portée de l'élève », « adapter son enseignement », etc..., autant de ritournelles et de contre-sens. Il y a la chose d'enseignement, qui a ses proportions et un certain air ; et les élèves la traversent, comme des chances.

Nous avons parlé de la Bible de pierre qui est dans Amiens et que, dans les temps réputés d'ignorance, tous savaient lire jusqu'au détail ; le jeune professeur avait sollicité la leçon de ce livre et l'avait reçue, leçon de ne pas s'adapter, de ne rien adapter, de proclamer d'une façon disproportionnée les anciens luxes.

Il portait un terrible dédain à tout enseignement vulgarisé. Aussi, dans la mesure où il était bien forcé de la pratiquer, s'offrait-il une coupe fréquente de contre-poison. Il faisait son cours aussi réservé que possible. Aucun choix officiel ne préside ; il y suppléait en faisant que son cours excessif fût nourrissant aux meilleurs et un poids qui fermât à jamais l'intelligence des autres. De même certains christs, plus qu'ils n'ouvrent les bras, les réservent. Il discriminait. Il croyait fermement qu'il faut ne pas éclairer tous les esprits, mais maintenir dans une obscurité les uns. Faut-il donner au bras l'illusion qu'il pense ? Mieux encore ; si par son enseignement il avait désappris aux médiocres ce qu'ils avaient appris jusque-là, il croyait avoir assez fait ; car il ne faut pas oublier de sacrifier à l'équilibre nécessaire des mots : toutes les écoles sont chargées de l' « instruction » ; c'est absurde ; il devrait y avoir d'aussi nombreuses écoles de « destruction ».

Aussi se souvenait-il avec émotion d'un de ses plus lamentables élèves; il l'avait rencontré en 1913, lors de ses débuts dans un Lycée de l'Est; triste redoublant de Rhétorique, dont on désespérait qu'il connût jamais les éléments. Lui, l'entreprit. Maître très jeune, il éprouvait pour la première fois la verte fureur des hivers à sapins. Il s'ébroua, joyeux d'une bonne brutalité. La classe était peu nombreuse ; il crut que tout n'était pas perdu pour l'adolescent; il l'entreprit. Il le plongea au fond le plus trouble des syntaxes et des pensées, et l'y maintint, pour qu'il oubliât tout. De jour en jour, il suivit, dans le regard et dans les traits, les progrès de la destruction, le saccage de la culture infligée. Enfin, un matin, une classe froide de Décembre et de Thucydide avait tout achevé; rien ne restait plus à gratter, à déraciner, à pallier; sur un dernier vertige, sur la dernière lueur abîmée, sur le tuf réapparu, le maître avait restitué l'enfant, mûr maintenant pour les œuvres de la vraie vie. Ah! ç'avait été alors l'heure de la danse. Aucune couleur de roman n'aurait valu cette espèce de lueur abstraite qui tombait par les petits carreaux sales sur un grand reflux mystérieux. Un jour de cellule, dis-je, provinciale tombait sur les derniers vestiges en perdition dans ce regard ; et ce regard, je le mets au même prix que tes yeux, Cléopâtre, et cette « mer immense où fuyaient des galères ». Le maître s'était attaché, plus qu'à pas un, à cet enfant brutalisé, c'est-à-dire rendu à la brute ; il l'avait aimé comme peut-être son ouvrage le meilleur, comme le plus parfait certainement. Aussi l'avait-il pleuré quand il avait appris sa mort en 1916, à Sailly-Saillisel.

Ah ! certes, il y avait les cas inverses.

D'instinct il les devinait, ces cas extrêmement rares, un peu vertigineux, où le mouvement d'une jeune intelligence prend une grande allure au bord de soi. Il s'appliquait alors à ne pas gêner certaines rencontres dramatiques de la jeunesse avec la beauté. Il n'intervenait pas ; il se contentait de donner l'accès et la lumière ; et sur le jeune homme, qui n'était avec lui que pour quelques mois, il regardait un travail de la vie et tomber l'année.

De toute façon, on le voit, ce maître était disproportionné dans sa leçon, comme un qui ne s'est pas défait de tout élan. Il rappelle le gardien de musée que Paolo et Isabella rencontrèrent et qui, non adapté au métier de geôlier d'art, vous arrêtait selon son goût, selon la clarté du jour, l'effet du vitrail sur les torses et le passage de l'aventure.

Si nombreuses que fussent en une année les heures de sa classe, et si dépourvues des chances extérieures, leur Galerie était celle des Offices.

Il venait, cette même année 1924, de sacrifier quelques heures à lire les « Instructions », ministérielles et autres ; il avait cru le pouvoir faire, cette année étant bissextile.

Mais il résistait aux niaiseries de la pédagogie moderne. On sait par exemple qu'elle défend de professer du dehors, mais prétend que l'on suggère. D'infinies précautions doivent être prises pour que le maître n'enseigne plus, que l'enfant n'apprenne plus, et que la connaissance ait l'air de venir à l'enfant, non du maître qui connaît, mais de lui-même qui ignore. Mais lui n'admettait pas que le cours devînt cet entretien et ce petit exercice de passe-passe. On préconise la manière Socratique. Singulier abus. Proposer Socrate et sa méthode comme modèles du maître et de la méthode d'enseignement ! Socrate ni n'enseigne précisément ses interlocuteurs ni ne se propose sincèrement de les enseigner. Il se sert d'eux, se joue d'eux ; personne n'apprend rien de lui qu'une façon de trébucher. Socrate n'entreprend que de confondre, et ses disciples prétendus ne sont que des prétextes à son jeu. Voyez-le mêler les phrases élémentaires, les confessions naïves, les principes évidents, de façon à créer le désarroi. Il s'agit pour lui de prendre quelques clartés certaines et de les placer de façon qu'elles n'éclairent plus ; il s'agit de troubler, et, à force de solliciter ou d'expliquer, d'empêcher que l'on comprenne. Or est-ce là ce qu'on veut obtenir ?

Le procédé d'ailleurs en lui-même est malsain. Masquer l'effort ; déguiser une hiérarchie ; on reconnaît bien là l'âge actuel. Souhaiter que l'enfant « se figure découvrir », faire émerger la connaissance de façon qu'elle « semble sortir de l'inconscient » ! Souhaiterai-je, pour semer le grain, un terrain spongieux duquel sourde l'eau, et qui puisse dire : « Je me passerai de la pluie, ou du moins je ne l'accepterai qu'après un circuit et quand elle aura consenti à sembler sortir de moi ». Circuit de pourriture. Maïeutique des éphèbes du faux-semblant ! Je ne sèmerai pas dans le marais, ni ne dédaignerai ce qui intervient.

Cependant on ordonne de procéder ainsi pour la littérature. L'enseignement en est même, c'est simple, très exactement prohibé. A sa place règne l'explication des textes, chose délicieuse, mais comprise avec ces exagérations intransigeantes qu'on a connues ailleurs pour la méthode directe. Et voilà l'enfant s'évertuant, d'après quelques lignes d'un texte, à reconstituer ce qu'il ne connaît pas, alors que, près de lui, le maître qui sait joue l'ignorance. Se servir des textes ainsi, c'est-à-dire à contre-sens, c'est encore fausser la vue des jeunes gens et leur sens des relations ; c'est leur faire croire qu'on peut tirer d'un texte mille choses, et, généralement, tout ce qu'on sait d'un auteur, et qu'il ne dépend que du savoir-faire, et c'est leur apprendre ce savoir-faire. C'est altérer le rapport de l'étude et de son objet. C'est, à l'étude vraie, ce que la prestidigitation est à la science. Voici vingt vers de Racine ; et remarquez bien, rien d'autre, ni sous le texte ni dans ma main ! Or vous allez voir ce que vous allez voir ! Une nouvelle héroïne, un côteau Janséniste, un portant d'opéra, un roi jeune, un joli jardin de scrupules, un siècle, un lexique, que d'autres choses encore sortiront ! Parfois la lutte entre l'explicateur et le texte est rude ; le texte, jaloux ou abscons, ou fragment infidèle, refuse de sagement donner la patte. Mais, de toute façon, c'est une plaisanterie inféconde et assez dégoûtante. Jeu subtil, mais simple jeu que d'adapter à tout extrait, de plier la méthode de l'enseignement, quand le seul qui vaille est celui dont on apporte franchement le sens et l'ordonnance. Que sert d'attabler pour ce jeu trente jeunes sportifs distraits devant une égale et très mince tranche de Chateaubriand ?

Même rite, même illusion jusque pour la Grammaire. De quelque langue qu'il s'agisse, défense d'imposer à l'enfant les règles rapides et ordonnées de la syntaxe, qui doivent sortir interminablement du détail de l'explication. Il faut, dit-on, que l'enfant fasse sa grammaire lui-même, qu'elle se dégage à la longue des « phénomènes grammaticaux constatés ». Ainsi pour avoir 70 fois, sur le conseil déguisé d'un maître à l'affût, noté un cas d'accord ou avoir soupçonné la remarque, on veut croire par paradoxe que l'enfant sera moins joué par cette règle illusoirement découverte, que l'enfant sera plus sensible à cette règle insensiblement dégagée. La leçon devient un article de vanité. Ces fausses délicatesses des pédagogues actuels sont pour une grande part dans la belle ignorance des diplômés mêmes.

On en est venu à ceci : l'enseignement pur et simple, par la parole ouverte, par l'énoncé direct, apparaissant une pratique indigne, une espèce d'ancien régime que proscrit une pédagogie dont l'économie est dans les détours. Ah ! Messieurs tels et tels, je vous prends à partie. Mon fils ne se reconnaît pas ; et comme moi non plus, alors l'un traînant l'autre, pour nous reposer de vos largesses et ne pas trop retarder le dîner, on court s'abriter sous l'ancien absolu.

Ici nous dénoncerons clairement par où les méthodes de la pédagogie actuelle ne sont qu'un aspect de la grande erreur d'aujourd'hui, une entreprise du « régime ».

Il n'est aucune différence entre la méthode qui prétend à faire sortir de l'enfant le jugement littéraire ou les règles de la syntaxe, et le démocratisme par quoi chacun fait sortir de soi la souveraineté. Vous trouvez contraire à la « dignité », « attentatoire à tout principe de formation humaine » d'enseigner aux enfants ce qu'ils ont à savoir, et qu'il est « une école d'insincérité » de proposer aux enfants des formules non trouvées par eux, à tout le moins non vérifiées. Vous habituez l'enfant à tirer de soi les paradigmes, et plus tard les paradigmes de sa vie. Là comme en tout, vous remplacez le régime de la révélation par le régime de la promotion. Du moins jusqu'ici la théorie pédagogique avoue le subterfuge, et qu'il s'agit seulement de donner à l'enfant l' « illusion » qu'il découvre, l'« impression » qu'il possédait ce qu'on lui apporte et qu'il donne la vie à ce qu'on crée en lui. Mais les pédagogues politiques n'articulent plus le secret du jeu ; ils donnent, dans sa stupidité nue, la formule du « peuple souverain » ; ils ne disent plus « tout se passe comme si » le pouvoir « émanait », « comme si » les sottises du suffrage, à condition d'être infiniment multipliées, concouraient à une formule de vie nationale, « comme si » le mythe était vrai, qui faisait la lumière fille de l'ombre. Le pouvoir, avec eux, est devenu en fait collecteur, non des eaux du ciel qui portent l'énergie, mais des pensées trop humaines ; source lasse qui se renie et se préfère égoût. Les experts ont de quoi disputer, quelle part l'emporte, de la gaudriole ou de la niaiserie.

Laissons ces prétendues découvertes, cette affectation de souplesse, qui ne crée que fanfreluche et confusion.

L'enseignement doit dominer le texte, et non s'élever de lui ; il doit être une solennité sur lui.

L'enseignement doit dominer l'enseigné. La règle et la définition doivent tomber sur lui avec tous les secours de la surprise et de l'ingérence. Qu'il y ait une minute où tel nom soit dit grand, où tel subjonctif ait sa vertu ; la couleur, la brutalité d'une minute ! Il faut que l'esprit se jette sur l'enfant et lui imprime les fers du goût et du rythme. Ainsi, mon amie, tu restes ordonnée par ce premier regard qui prévalut sur un long exercice des charmes.

La certitude que l'enseignement doit être dangereux, le refus d'avilir, de diminuer les distances ou les nefs, le goût de la lumière qui est reçue, le goût des voix donnaient à la classe de ce maître, quelquefois, ces mérites de l'exaltation qui valent sans doute que les esprits aient entre eux des rapports.

Or c'était une de ces fois précisément. L'heure s'anime, sans que rien y prétende. Les plus mauvais élèves n'ont rien réformé ; les meilleurs ne sont que cela ; les choses ont exactement leur médiocrité. D'où vient ce qui fixe et domine ?

Ainsi dans la campagne l'orage rôde. On n'en a rien distingué encore dans les nuages ni dans le vent ; déjà pourtant le troupeau oscille sous l'influence.

YUST

Les cours s'arrêtent à dix heures ; il était dix heures moins vingt environ. C'est un moment mort. On ne balaye, on ne circule; rien ne distrait l'écho. La maison entière est tournée vers sa destination.

Légèrement en retrait, Bourget écouta. Il n'entendait point autre chose que les voix de cette classe ; tout au plus le bruit irritant, mais lointain, du tram les tarodait. Il écouta, distrait, puis fixé. Un élève lisait, et il était de cette belle race des « élèves lisant » qui permettent quelquefois qu'on se reconnaisse dans le texte, mais vers au moins la quinzième ligne. Tout portait à croire que c'était du français, et de la prose; mais Montaigne ou Renan ? Une émotion inexpliquée pénétrait Bourget à mesure que lui parvenaient les mots si singulièrement enchaînés. Les sons s'ordonnaient d'une façon nonchalante et qui n'avait pas d'âge ; cependant ils préparaient quelque chose de rapide et d'un peu insensé.

Oh ! approcher de la chambre où Elle parle et où elle a l'agitation charmante de la convalescence ; la surprendre dans ses secrets sans l'avoir cherché ; reconnaître, de l'escalier, sa parole un peu chaude où mille petites vérités nocives profitent d'un dernier rayon de la fièvre ; deviner qu'elle parle d'elle et de vous... ; alors, implorer qu'un tableau, un vase, un détail des choses divisent votre attention ; ne pas vouloir, ne pas vouloir ; cependant monter les dernières marches ; subir déjà l'animation de son teint qui prépare les reprises de la vie et de l'amour ; subir que l'esprit impur sorte encore de ses lèvres par ce dernier monologue de la maladie ; entendre qu'elle parle d'elle et de vous... ; instant chargé de tous les charmes, et qui va détruire.

Or rien de cela même ne donne l'idée des inquiétudes qui tout à coup transportèrent Bourget. Comme le sang et les désirs circulent ! Il eût voulu partir, et restait. Il sentait approcher des minutes un peu étrangères à la vie et de banalité formidable ; mais nul ne l'eût distrait, à cause du risque aux clous d'acier.

Assurément la déconvenue de son voyage le préparait à un tel émoi. Il était de toutes parts sensible à sa pensée ; sa pensée prenait l'office de tout autour de lui. Néanmoins c'est encore fort insuffisant pour expliquer la scène un peu infernale qui va être.

Disons-le donc ; ce qui est irrésistible, c'est une émotion qui ne sort au juste de rien, qui peut-être, comme les eaux de la fontaine poursuivie, a coulé de très longs temps sous nos autres émotions sans s'y mêler, et qui paraît ; qui paraît dans un cadre dépourvu de sentimental et de pittoresque, de souvenir et de projet ; c'est une émotion en dépit de tout.

Dépourvu de sentimental et de pittoresque... Ah ! certes ce cadre de coin de Lycée avait un bien beau caractère d'absence. Couloir marron à fond de cloison. Nul détail, nulle valeur qui y fussent de quelque part au juste et vinssent gêner le cours précipité d'un abandon. Véritable fond d'enseignement et d'abstraction facile. Il arrive aujourd'hui que l'on veuille de l'agrément, de la modernité ou des décorations particulières pour le local des classes ; idée petite. Tous les noms, tous les temps, tous les régimes de l'esprit doivent pouvoir s'y succéder, y réussir ; nul décor n'est souhaitable, nulle sollicitation, là où chaque parole et chaque figure de l'esprit doivent tout apporter avec elles. L'anonyme soutien des regards doit aider à dépayser ; et les regards de Bourget tombaient donc fort bien sur des angles et des couleurs qui n'étaient ni du tout ceci ni du tout cela. Les phrases qu'il entendait lire suppléaient ; elles seules créaient sans gêne, construisaient, car, lui parvenant de plus en plus distinctement, elles s'ordonnaient et prenaient la vertu, non pas médiocre, d'orner, mais bien de construire. Bourget habitait en elles. Chaque élément poursuivait son arche, posait sa dalle, et parfois, entre les phrases lues, s'insérait la phrase dite, la phrase du maître, vitrail étroit. Quel événement se préparait, qui justifiât le rare et hâtif travail de ces minutes ?

Événement brutal ; ce qu'on lisait, qui n'était rien, devint tout.

C'était une page de Bourget.

Quand on se reconnaît, ce n'est pas progressivement. Il n'y a pas des détails qui s'ajoutent et, à la longue, vous désignent. On est frappé de soi.

C'était un passage de son roman peut-être le plus cher, *Le Disciple*. Un livre de morceaux choisis d'A. Cahen le présentait aux élèves.

Bourget, mis violemment devant son œuvre (car ce n'était que quelques lignes, mais son œuvre entière fut devant lui ; son œuvre était transportée ici pour faire sa part dans un événement de la nature du drame et de l'ironie) plia... « C'est toi ! disait-il. Te voilà ? toi qui as encore les dessins de ma plume et d'un certain jour. Tu étais faite de la vie observée, de lettres reçues, des maux du siècle, de mon respect de toi, de mon désir de toi. Quelle est cette façon de n'être plus ? Veux-tu que je te rappelle pourquoi, comment tu devins, ici la page du jardin, ici la page de la prison ? Veux-tu que nous reprenions ton origine, comme un amour, et que ma pensée d'aujourd'hui, qui ne diffère pas de toi, te ramène en moi ? Ah ! que se passe-t-il ? En même temps tu crées cette maison idéale où je viens de me sentir introduit, et tu y es la morte, motif de l'office et de l'expression des gens. »

Par privilège, Bourget obtenait en effet une impression d'achèvement ; et cette impression n'existe point dans la vie. Nulle œuvre n'est finie pour son artiste. Un roman depuis longtemps publié, une comédie il y a longtemps jouée gardent leur attache, restent une condition des ouvrages encore possibles de l'auteur. Mais quelqu'un le faisait pénétrer dans une maison terminée.

Par privilège, sa pensée au tombeau entrait dans un paysage littéraire qu'il lui était permis de connaître. Par privilège, il se découvrait condamné à quelques instants d'immortalité préventive.

Cependant, une page était lue ; deux pages ; la construction se poursuivait. (Efforçons-nous d'abstraire cette notion de construction du matériel ordinaire. Mais qui donc n'est entré dans son sentiment, n'en est sorti, ne l'a considéré, n'y est rentré ?) Un édifice défini encadrait les instants présents ; l'esprit de l'incident achevait de s'établir en colonnes. La voix venait. Sur le soutien sonore portait tout l'équilibre entre la minuscule présence de l'œuvre lue et les questions démesurées qui soulevaient l'homme du couloir. Soutien sonore, toutefois dépourvu des cloches qui accueillent l'aurore. Perdu dans la ville, l'Enquêteur aboutissait ici. Il était prêt pour un vertige. Il avait subi la Cathédrale et les jardins picards d'une façon qui lui avait donné des motifs et un avant-goût d'abdication. Tous les sujets qui, depuis vingt-quatre heures, étaient nés de son itinéraire ou de son entrevue, étaient présents. La leçon de Lhomond avait achevé de les dépouiller : et, par-dessus tout, un vertige religieux se renversait comme une nef.

Un nom le traversa soudain ; ce nom mystérieusement aigu qu'il avait reçu la veille et qui, resté en lui, se faisait sentir comme la flèche dernière du sagittaire : Saint-Just.

Ce jour-là de l'année 1558, au milieu de la matinée, un Empereur se couchait pour conquérir. Ses armées avaient connu peu de succès considérables, mais il avait été artificieux et politique. Il le restait, par sa façon de mobiliser pour une mort feinte tout l'appareil de la vérité catholique. Il attaquait de flanc les domaines éternels après une manœuvre de retraite. Retraite et funérailles de Charles-Quint ne marquent en effet ni la plate lassitude commune aux conquérants ni rien qui ressemble à une dégradation physique. Il suivait sa ligne, qui était d'annexer. Sa politique ne changeait pas de caractère ; elle restait marquée de faiblesse entreprenante et de feinte. Dans ses guerres, il s'était trouvé souvent bien aventuré ; et la ressource lui était toujours venue d'un inattendu dérisoire soit de ses paroles soit de son armée. Or il avait décidé de « se conquérir ». Mais un petit nombre d'années splendides et traversées lui avaient suffi pour éprouver, en dépit de ses réussites, les limites de la force et le cercle infrangible qui empêche de s'emparer de « soi ». Il était venu à cet ermitage de Saint-Just. Il y construisait des horloges et des montres. Les anecdotiers s'amusent de sa passion et de son art. Ils relatent ses conclusions. Etait-ce hantise en lui de « El relox de Principes » ? Quelques années lui avaient suffi pour y éprouver les limites de la science aussi, et que nulle main, armée d'elle, n'aurait l'expertise des âmes. Alors la solitude et l'immobilité lui avaient suggéré cette ruse de l'émotion ; c'était sa dernière méthode d'entreprendre. Il arrivait qu'il lui vînt des larmes. A lui !... C'était bien par surcroît. Mais il les admettait comme l'aide la mieux désignée pour la conquète qu'il tentait à nouveau de « soi ». Conquête, répétons-le. Quand il entre dans la chapelle tendue, « il ne joue ni ne tremble, mais négocie », ai-je entendu dire à Lavisse plaisantant. Oui. On s'est toujours accordé pour refuser aux trop puissants les entreprises d'esprit. Pourtant que voulait l'Empereur ? franchir une frontière encore, revenir sur la convention de la naissance, violer le contrat de nature, frauder sur une clause, tromper sur l'échéance, faire plier une loi de l'intelligible.

Si mesquin qu'apparaisse cet acte de Charles-Quint, si teinté des folies héréditaires, il faut le saluer pourtant comme l'hommage le plus sensible, et peut-être le seul hommage qui ait jamais été rendu à l'art par un Capitaine : s'introduire par la pompe dans le domaine défendu ; franchir en soi, par la disposition de formules et de parfums, les frontières d'un état. Les protections exercées par son rival François Ier, celles mêmes de Louis XIV, et les façons dont Napoléon eût daigné pincer l'oreille du prince Corneille, encore les imaginations wagnériennes de principicules lunatiques, qu'est-ce d'autre, auprès, qu'enfantillages ?

Cela seul existe, que le plus grand du jour se veuille étendu par un miracle d'art.

On aimerait savoir comment Charles fut transporté, ou s'il se coucha. On aimerait savoir le dessin de la vallée, l'émotion, les instants. Le vocabulaire de la couleur vient aimablement vous solliciter, avec le désir d'évoquer le Tage ou le cloître, et de faire jouer les belles impressions. Mais il faut se méfier, si l'on visite ou si l'on décrit des lieux d'histoire ou d'aventure. Il y a aujourd'hui toute une littérature de ces visites et de ces descriptions. Et chacun tombe plus ou moins dans le travers. On voit le pays tel que l'a fait l'événement ou le souvenir. Cependant, à l'heure même de la scène, il était nu et peut-être sans rapports avec elle. Il n'y a que nous qui voyons Domrémy, et Jeanne n'en a rien connu. Et toi, mon amie, veux-tu revenir vers les champs abrités? des fleurs ont poussé parce que nous nous aimâmes. Yust n'avait encore ni désolation particulière ni sonorité. J'ai donc, sur le pays, la matière de quarante lignes truffées de noms propres effectifs; mais j'en ferai l'économie, car la vallée, le ruisseau, la colline, la brusquerie de l'ombrage ou du découvert, l'étoffe brune aux murs de la résidence, ni le jardin n'avaient encore aucun sens du pittoresque ; ni l'heure n'était encore Espagnole.

D'ailleurs cette chapelle supprime ce pays. N'en est-on pas frappé ? Il suffit d'une porte franchie pour établir un climat. Il suffit de si peu de pierres arrangées pour que n'importent plus ni les herbes particulières, ni la colline sur le soir, ni le fleuve qui chante en bas ou parmi les femmes. Aussi jugerons-nous suffisante la manière des auteurs qui jusqu'ici, en style de petit lait, ont parlé de cette histoire légendaire et de ces lieux : « ...au sein d'une riante nature (la délicieuse vallée appelée Vera de Plasencia), dans la partie de l'Estramadure la plus boisée, et dans le voisinage du couvent des Hiéronymites, qu'il aime d'une tendre affection, etc... » Dirait-on pas termes et noms d'une géographie intérieure ? Monastère d'Estramadure en effet, qui fut un oasis de leçon volontaire dans la vallée de Plaisance. Où trouver ailleurs que dans la règle et dans l'abstinence les grandes vertus de l'imagination ? Si rapide et si merveilleuse qu'ait été la fortune, seule la déchéance a de ces raccourcis qui font des princes ou l'amour y aspirer. Les forces de la puissance déclinent avec allégresse quand elles portent leur énergie à l'inverse. D'ailleurs il y a toujours une lumière qui s'éteint dans le même temps qu'une force grandit ; l'élection à l'Empire de Charles-Quint est de l'année où mourut Vinci ; une mesure disparaît ; une démesure se révèle. Une loi, rigoureuse comme sa sœur physique, moins étudiée seulement, fait que, dans la profusion des âmes, une énergie constante se précipite ou se fond, se réserve ou se répartit, éclaire ou enflamme.

Dans cette chapelle de Saint-Just, près du cloître aux styles mêlés (trois styles, et la partie vieille flambe de mélancolies que les parts ajoutées achèvent en règle), l'Empereur se résigne pour entreprendre. Il est plus difficile peut-être d'obtenir de descendre vivant chez les morts que de François Ier de traverser sa France.

Mais d'abord Saint-Just ! L'admirable saint ! On sait qu'il n'existe point. Les historiens prennent soin de nous apprendre que Yust est un ruisseau voisin de là, rien de plus. Fort bien ! Mais ils s'étonnent qu'on en ait fait un saint. Etonnement naïf ; rien là d'étrange ;

rapport très simple, et la voix populaire qui commit l'erreur est restée dans la logique. Cet acte de l'Empereur était une contre-apothéose, ou plutôt une manière de prétendre aux initiations, ou plutôt encore une manière nouvelle d'entreprendre la descente classique chez les morts, de convoquer, non plus autour de sangs ou sous des myrtes, des âmes, mais dans l'encens, son âme. Très naturellement devait s'établir une nomination analogue aux nominations païennes : comme la source était nymphe, ce ruisseau fut un saint.

Qu'imaginer de la cérémonie? Simple, réduite aux formules; les emphases proscrites; les sermons prolixes de Guevara aussi loin de Charles que les plaines; les phrases rigoureuses de l'office étaient un domaine d'éloquences abdiquées. Pour la première fois Charles entendait son nom, et son nom tenait cette seule place humaine qui est préparée, occupait cette seule place qui est mesurée et qui est identique dans les formules constantes de la supplication et du pardon.

Pour la première fois aussi, l'homme du couloir entendait son nom, dépouillé de l'accent des circonstances et des sentiments, son nom étroitement inséré dans les phrases éternelles qui servent à l'enseignement. — Paul Bourget. — Ces trois syllabes. Il n'arrive jamais que l'on entende son nom dans son exacte sonorité; un dernier contact avec quelque part de soi-même empêche toujours une vibration totale. En souhaiter seulement le risque est déjà une extrême curiosité.

J'écoute en moi. Mon nom totalement subi ? Peut-être, un soir de chute, après le règne. Une retraite date en moi de ce moment où quelques syllabes pesèrent de leur vrai poids.

Il distinguait son nom. Il distinguait sa pensée proposée, étendue, plus que distante, plus que hors de la vie. Il connaissait bien la transformation d'une prose par l'accent; il avait essayé du théâtre; il savait la nouveauté d'un texte qu'une autre voix prononce, qui vous revient ou en qui l'on revient. Encore est-ce là une prose attaquée ou défendue, un texte qui a de l'animation et de véritables contacts. Mais il était devant les traductions de la mort.

Souvent aussi il avait entendu discuter son œuvre, analyser son roman ou son hypothèse.

Mais la conversation ou la conférence avait des airs d'activité et de circonstance ; tout jugemen porté marquait un désir d'influence. Au contraire la très simple leçon de ce maître, faite comme nous avons dit qu'il les faisait, entièrement dégagée des caractères accidentels du texte, des caractères personnels de l'auteur, usait des seules formules anonymes, prêtes pour tous et de caractère religieux. Bourget n'était plus le sujet, ni même l'objet, mais l'occasion de la méditation. On parlait non « de lui », mais plus justement « sur lui ». Il distinguait sa pensée étendue. Il se tenait respectueux devant elle. Sa pensée..., il ne l'avait jamais traitée familièrement, ni non plus ne l'avait crue fragile. Jamais il ne se serait permis avec elle, avec l'image décente qui en voilait le mouvement intime, les familiarités de ce jeune porteur négligent. En ce moment même où son rôle se bornait à écouter, à assister, Bourget en demeurait étonné comme d'une immodestie.

Etendue... A la fois plus grande et étrangère ; allongée, pour le grand abandon que le plaisir simule.

Une satisfaction douloureuse, celle même de

Charles, mais involontaire, imprévue, était celle de Bourget : se conquérir en abdiquant ; répudier précisément ce qui constitue ; parvenir en abandonnant. Son œuvre en effet avait touché à toute connaissance. Filiations, affinités, alliances lui avaient transmis les principaux héritages de la pensée contemporaine ; et il avait encore développé en lui le goût d'annexer. Il avait étendu le domaine du « roman », y faisant entrer de force toutes les questions de la philosophie, de l'art, de la science et de la société. Romancier, il avait reculé jusqu'aux brumes, jusqu'aux métaphysiques, jusqu'aux îles Bibelot, et, vers le Sud, jusqu'aux dernières pointes aiguës des neurologues, les frontières de son genre. Toutes les régions, en dehors même du continent littéraire, avaient subi son entreprise. Maintenant il éprouvait le danger de sa conquête romanesque et d'en répondre, le regret de la dérive et de n'avoir plus où se reposer de soi, le poids de son trop vaste empire et de n'arriver nulle part en pèlerin. Sans doute il n'avait pas également pratiqué toute province ; il avait eu ses résidences ; certains royaumes, il ne les avait connus que par un passage apprêté ; pour d'autres, lointains, il avait dû s'en remettre à des rapports subalternes. Il n'avait non plus commandé directement à tout ; il avait donné des lieutenances ; parfois il avait remis des gouvernements à une théorie sommaire ; des doctrines aux mains rudes maintenaient, en quelque part de lui, des peuples rebelles, et son nom couvrait la discipline douloureuse. Toutefois il ne pouvait attendre du soleil qu'il se couchât sur les domaines de sa connaissance.

Dans la chapelle, le regard de l'Empereur étendu montait ; chaque chose prenait une proportion différente, une valeur prolongée, un geste. Pour la première fois, il voyait en tout, linges, lumières, les portées successives de l'emploi, et le sens jusqu'à sa limite. Rigoureusement, rigidement étendu, il prenait chaque colonne de bas en haut et chaque arceau, et les suivait dans leur tenue et dans leur mouvement. Son regard ne les rencontrait plus, mais les accompagnait.

Ainsi pour les mots qu'entend Bourget. Chacun et leur ensemble se poursuivent indéfiniment. Lui qui les a assemblés et fixés n'a jamais vu en eux que les contemporains de sa pensée, de son intention. Maintenant sa vue les accompagne ; il se porte de leur départ à leur suite. De cette phrase par exemple, il avait fait un simple et clair énoncé ; mais un instant le détrompe, la lui donne barbare, florentine, la prolonge demain, marquée à l'avance de lui pour être éternellement pareille et différente.

L'écrivain est victime d'une illusion. Le poète a chanté à faux quand il a chanté : « Les plus beaux poèmes sont ceux que nous n'avons pas écrits ! Un tourment est de sentir en soi la couleur si fugitive, l'amour si particulier, de trahir pour l'exprimer l'idée ou la minute, de n'avoir pour se délivrer, pour se créer, que les mots inertes dont tout arrangement est inefficace, la phrase aussitôt éteinte ! » Mes amis, nous l'avons tous chanté, et c'est une belle souffrance ; et je crois bien que c'est la plus belle. Elle est seulement à contre-sens. Il n'est pas vrai que nous soyons frustrés par le mot, mais lui par nous. Il n'est pas vrai que l'expression paralyse, que les mots immobilisent, qu'ils soient la gêne de notre vie tumultueuse. C'est nous plutôt qui intervenons dans la lente poussée du verbe. (Et ce n'est pas un moins beau drame. Drame de tout amour : lequel des deux limite l'autre ?) Le mot a ce privilège qu'il se transforme et garde la perspective de ses valeurs. Il accroît ses richesses, et de nouvelles naissent de leurs croisements. Combien, auprès, notre pensée est sédentaire ! que notre amour est dépassé ! C'est nous qui, de toute façon, nous servant du mot, sacrifions de lui quelque chose. C'est nous qui lui piquons notre désir d'un jour. En sorte que le plus bref des poèmes délicieux est encore un chapelet, mon amie, de crimes contre l'idée.

L'élève suivait le texte, servant pâle, sans accent ; à l'allure du débit, la page se dénouait et se renouait ; parfois le maître prenait quelques mots, les soulevait, et ils passaient du côté de celui qui savait les formules. Bourget s'étonnait d'apprendre comment se nourrir de soi. Il accédait à son passé et s'instruisait de l'erreur qui devait maintenant entrer dans sa façon de se connaître.

L'odeur d'enseignement disqualifie. Bourget sentit d'abord toute fraîcheur se faner, l'articulation de la pensée se détendre. Il percevait des espaces entre les phrases qui lui étaient apparues se tenir, des transparences à l'intérieur même de la pauvre logique. Dans le corps aussi, l'évidence est atteinte d'abord. Les mots à la longue, détachés de leurs rapports, se choquaient, sonnant précisément comme des os. Les poètes de l'Odyssée parlent de l'instant, que nous appellerons savoureux, où la vie quitte les os ; et lui, par delà les fibres et le sang, qui sont d'une humanité fade, il atteignait à cette vie des os, mais qui les quittait.

Parvenu à ce point, il voyait avec effroi que rien ne distinguait plus les théories qu'il avait soutenues de celles auxquelles il les avait opposées. Réduites au squelette, toutes les idées se ressemblent. L'idée pendable et l'idée estimable ne diffèrent que par je ne sais quelles efflorescences superflues. Leur structure est la même. « Quand je considère,

> Autant puis l'ung que l'autre dire,
> Car, d'évesques ou lanterniers,
> Je n'y congnais riens à redire.

On admet bien le Charnier des Innocents. Le

Charnier des Idées est fait de cette même identité. Une fois qu'un certain temps est passé (un certain temps qui est de plus en plus bref), toutes les pensées, toutes les théories, ayant perdu leurs valeurs de société, de convenance, de vie, leur utilité immédiate ou leur danger, se valent ou plutôt se confondent. La pensée d'Attila, quand il prétend que « l'herbe... », et la pensée de Socrate, quand il s'arrange pour que rien ne repousse où passa sa question, ont leur essentiel absolument identique ; le reste n'est qu'une différence de fresque et de musique. Pour qu'il y ait davantage, il faut Dieu même.

La lecture se terminait. Au dernier banc, un peu abrité, un de ces enfants lisait furtivement un livre nouveau et fort léger. Ainsi, à l'ombre du pilier et tout enveloppé par le service même, le jeune cavalier sourit aux jeunes yeux.

La lecture était terminée. Dix heures moins dix. Dans le travail de l'heure, on arrivait au moment de la généalogie et de la biographie. Bourget entendit sa vie. Tout autre est de la connaître et de l'entendre. Il l'entendit. Quelques termes personnels, quelques titres de ses ouvrages étaient le seul accident particulier qui entrât dans la contexture des phrases rituelles du panégyrique ou de la biographie. Quelques lignes épigraphiques rappelaient les dates élémentaires de sa vie, qui n'étaient pas les dates de son cœur ni de sa pensée, mais de ce qui était apparu aux hommes ; ni la date du premier sourire, ni la date d'aucune époque en lui. Ainsi les points qui le suspendaient dans la mémoire n'étaient point ceux dont il avait senti l'attache. A peine certains d'eux prenaient-ils par mégarde la chair. Il se sentait ne gardant de sa vie que le commun appareil, et situé seulement par des chiffres d'autant plus mystérieux que plus précis.

Les lumières anonymes des dates évidentes étaient allumées au long de lui.

L'Empereur a tourné sa blessure vers le Sud ; mais celle de Bourget est exposée du côté de la taille heureuse.

Bien plus ! Mille raisons donnent le pas à la scène du couloir sur la scène de la chapelle. L'une était de commande et apprêtée ; l'autre est juste. La servitude même, il ne faut pas qu'elle soit volontaire, comportant l'orgueil ;

et Bourget a pour lui de n'avoir pas choisi son guide ni sa voie. L'Empereur a trop voulu, non devoir, mais qu'on lui dût, qu'une certaine chose datât de sa résignation... D'ailleurs, à l'office, Charles joignait sa voix. Ses larmes coulaient, est-il dit, à peine différentes de celles d'un assistant. Il restait empêtré dans l'acte. Mais Bourget diffère tellement de ce qui a été préparé, de ce qui survient, que le plus ignorant de ces enfants le renseignerait sur le texte de l'explication.

La plus grande différence est encore celle-ci : le corps de l'un ne subissait qu'une illusion de corruption (sauf peut-être déjà l'action de ces bêtes du premier stade qui se mettent en nous, avant la mort même, au travail compliqué de la pourriture), au lieu que des fleurs singulières commençaient véritablement à se nourrir de cette pensée décomposée. On étudie communément la formation d'un écrivain et d'un penseur, les sources d'une théorie ou d'une méthode d'art ; questions d'origine à quoi semble se limiter de plus en plus l'histoire littéraire (1).

(1) Et encore avec quelle étroitesse ! Nous l'avons dit à la page 120.

Mais moment bien autrement émouvant, jamais dit, celui où chaque partie d'une pensée très experte et très complexe fait retour à son élément et nourrit des verdures. *In pulverem...*

FINAL

Sa pensée lui avait été proposée, plus petite que l'urne ; et Bourget était certain de ne rien éprouver au delà. On ne choisit pas l'écueil.

La bande Picarde avait mené l'assaut ; sous le couvert d'une étude, d'un roman, des éléments étrangers s'étaient rejoints. Cette entrevue encore avait été ménagée par une terre qui n'est féconde qu'en entrevues. On voit comme elle se terminait ; une entrevue, à moins d'une réussite prodigieuse, c'est déjà une brêche ; on le sait bien par les paix qui se font, et par les amours.

En moins d'une journée, il avait promené d'un extrême à l'autre le désir d'une analyse impossible.

L'annexion de la province Picarde lui coûtait une abdication.

Une étude d'enfance se terminait par un secret de mort ; la même ville où l'appelaient les problèmes de son premier âge ne lui avait en réponse réservé qu'un mystérieux droit de regard sur le lendemain de sa pensée.

Il avait obtenu d'éprouver à son égard même une sympathie si exactement distribuée qu'elle est une rare lumière. A la question qu'il avait posée, une autre question avait répondu ; il eût trouvé ingrat de rien demander de plus à son voyage que ce bel échec ; le succès d'une réponse trahit toujours une médiocrité, et la qualité d'une inquiétude se marque à ce qu'elle établit une génération d'inquiétudes.

Le train ramène Bourget vers Paris. Un rapport parfait des choses à lui enveloppe et porte ce retour. Ses jugements se profilent sur la région à la fois claire et indéfinie. Onze heures à douze heures. Fin d'avant-midi à laquelle la montée d'un soleil difficile donne les qualités du soir.

Comment distinguer l'inquiétude du départ et l'inquiétude du retour ? Il n'y a point sans doute, dans toute la vie d'un homme, plusieurs accidents, plusieurs maladies, plusieurs douleurs, plusieurs difficultés. C'est une seule peine toujours, une même peine, peine de Dieu ou du sourire, du ventre ou de l'idée, que le cycle éloigne ou ramène, et qui prend des teintes.

Le poète de ma légende préliminaire, quand il a fini son voyage sans avoir, dans les villes traversées, ni même dans les sept villes probables, trouvé la sienne, quand il réaperçoit les moissons et les remparts d'où il est inutilement parti, alors il ne distingue plus sa naissance de sa mort.

TABLE DES MATIÈRES

Saint-Amand (Cher). — Imp. R. Bussière. — III-1928.

www.ingramcontent.com/pod-product-compliance
Ingram Content Group UK Ltd.
Pitfield, Milton Keynes, MK11 3LW, UK
UKHW020253180726
13839UKWH00001B/310